Mahamadou TRAORE

La classe débout ou théâtrenfant

Mahamadou TRAORE

La classe débout ou théâtrenfant

Éditions Muse

Imprint

Any brand names and product names mentioned in this book are subject to trademark, brand or patent protection and are trademarks or registered trademarks of their respective holders. The use of brand names, product names, common names, trade names, product descriptions etc. even without a particular marking in this work is in no way to be construed to mean that such names may be regarded as unrestricted in respect of trademark and brand protection legislation and could thus be used by anyone.

Cover image: www.ingimage.com

Publisher:
Éditions Muse
is a trademark of
Dodo Books Indian Ocean Ltd. and OmniScriptum S.R.L publishing group

120 High Road, East Finchley, London, N2 9ED, United Kingdom
Str. Armeneasca 28/1, office 1, Chisinau MD-2012, Republic of Moldova, Europe
Printed at: see last page
ISBN: 978-620-3-86461-8

La classe débout ou

Le théâtrenfant

Avant-propos

Le théâtrenfant est un outil pédagogique divisé en deux parties. La première partie recueil de saynètes écrit pour les enfants et la deuxième partie est le guide du maître. Ce genre théâtral vient enrichir une production dramatique déjà respectable dans le patrimoine des œuvres littéraires maliennes. Cet ouvrage est axé sur deux genres.

Les thématiques traitées dans la promotion des enfants sont relatives aux problèmes de société, de santé, d'éducation et d'environnement auxquels les enfants sont confrontés. Sachant que le théâtre est un outil pédagogique performant, des sujets pathétiques y sont évoqués sans tomber dans le misérabilisme pour attirer l'attention des uns et des autres. En raison de son caractère informatif, explicatif et formatif, le théâtrenfant apparaît à la fois comme un outil pédagogique, de promotion et de protection des droits de l'enfant.

1er) La promotion des droits de l'enfant

« Le théâtre peut et doit être un outil pour changer le monde parce qu'il met en scène des situations qui sont le plus souvent intériorisées et vécues comme bloquées. Seul le théâtre peut les rendre intelligibles et restituées aux histoires individuelles leur dimension collective »

2ème) Les faits historiques

Comme tous les hommes de théâtre maliens dans leurs différentes créations, j'avais les soucis de donner un éclairage plus vrai, plus cru sur le sens de leur combat en exaltant les magnifiques vertus que les ancêtres ont incarnées tels que de l'honneur, de la dignité, la grandeur, le patriotisme, le nationalisme, le courage et le refus de la honte à travers l'esclavage. Ces saynètes spécifiquement adressées à un jeune public ont été écrites dans le souci de revalorisation historique. C'est la narratologie qui est beaucoup utilisée dans la dramaturgie des faits historiques. Elle ne prend pas autant de liberté avec l'histoire.

Le théâtre épique se construit de la façon suivante « *Style ample, larges fresques, couleurs historiques, scènes grandioses, des champs de bataille ou des spectacles d'intronisation, importance du décor, recours aux merveilleux, aux légendes, aux danses et rites divers, tous ces éléments manifestent le désir des auteurs de frapper l'imagination... 1* »

La dramaturgie

La dramaturgie du théâtrenfant s'apparente à la narratologie. Son originalité est qu'un discours indirect venant d'un présentateur plante le décor en décrivant l'action et en situant le temps. Ce narrateur est absent du texte dramatique ou plutôt, est si impersonnel et discret qu'il fait croire à son absence. La dramaturgie est d'une grande violence émotionnelle. Elle est écrite à partir d'un canevas simple. Je trouve et définis un personnage principal qui peut aussi avoir des qualités ou des défauts mais qui sera mon héros. Les personnages éprouvent des sentiments humains très forts qui sont décrits avec beaucoup de justesse et de sensibilité. Aucun des aspects de la personnalité de ses héros n'est oublié mais autour de chaque personnage, est composé un récit. L'histoire est racontée d'une manière simple avec beaucoup de didascalies et surtout avec un vocabulaire à la portée des enfants. Les personnages deviennent vivants et palpables. On les sent, ils ne sont pas ces héros dramatiques intemporels mais des êtres de chair et de sang qui font vibrer le texte. La spécificité de la dramaturgie du théâtrenfant dans son choix du sujet qui est l'idée substantielle de l'action, j'expose un problème auquel des enfants sont confrontés. Le plus souvent l'opposition existe entre les personnages mineurs et certains adultes. Cette opposition va monter jusqu'au paroxysme. Puis le (ou les) héros (personnage(s) mineur(s) capable d'agir et de faire évoluer la situation) va proposer une solution qui nous amènera au dénouement. Donc la dramaturgie du théâtrenfant respecte la courbe dramatique. Le recueil de saynètes pour enfants qui va suivre est le fruit de seize ans de travail et s'adresse aux enfants et aux adultes qui s'occupent des enfants dans leur travail ou par leur travail dont

Nous voulons une école performante et apaisée

De Mahamadou Seydou TRAORE

Personnages

Le maître.. Enseignant

Sali.. Elève

Oumou...Elève

Awa ....Elève

Moussa.. Elève

Cheick Oumar...Elève

Sécrégé...Elève

Monsieur le Directeur...........................Directeur d'école

Une voix - Chers camarades, l'école est le deuxième endroit après la famille où nous les enfants passons plus de temps. A l'école, nous apprenons, découvrons et assimilons à l'aide des maîtres. L'école doit être un lieu sécurisé où il fait bon à vivre pour nous enfants. Chers camarades, je vous invite à suivre ce qui se passe dans cette école.

(*Les élèves entrent en classe et prennent place. Puis entre le maître*).

Les élèves - Bonjour Mr !

Le maître - Bonjour ! (*Il dépose ses affaires sur le bureau et s'assoit. Il jette un coup d'œil sur la classe*). Hé Mariam, lève-toi ! Regarde-toi-même comme tu es habillée ? On dirait une péripatéticienne !

Les élèves (En chœur)- Quoi chienne ?

Le maître (*Avec autorité)* - Je dis bien une péripatéticienne !

Sali - (*se lève*) Mr, qu'est ce que cela veut dire ?

Le maître - Une péripatéticienne est une vendeuse de charme. Viens ici ! (*Mariam s'approche de lui. Il lui assène des coups de fouet*). Sors de ma classe ! Ici on ne porte pas de tenue indécente. Sois tu portes la tenue de l'école ou tu restes à la maison.

Oumou - (*se lève)* Mr, quel est l'intérêt du port des tenues scolaires ?

Le maître - Avec le port des tenues scolaires, il n'y aura pas de différence entre pauvres et riches. Donc il n'y aura pas de frustration. (*Se lève et arpente la classe de long en large)* Ensuite on évitera le port des tenues indécentes comme celle de Mariam qui a trait à la dépravation de nos sœurs. Ce qui pourrait engendrer des conséquences fâcheuses entre écolier-écolière, entre enseignant-élève. On a assez bavardé, prenez vos gri bouilloires !

Les élèves - (*les yeux écarquillés*) Quoi ?

Le maître - (*Rires moqueurs*) Vos cahiers. Vous vous habituerez avec mes mots avec le temps. Nous allons faire le compte-rendu de la rédaction. Qui va lire son devoir ? Toi, Moussa!

Moussa - (*Se lève et racle sa gorge et avec emphase*) Introduction, hier était Dimanse, moi et mon ami Youssouf sont paris au fleuve. Arrivés au fleuve, j'ai déposé mon dolen. Youssouf aussi. J'ai plongé dans l'eau »ploum ». Youssouf aussi. J'ai nagé comme une poisson. Tout à coup, j'ai entendu derrière moi « Aglouglou ! Aglouglou ! J'ai retourné pour sauver Youssouf. Conclusion : Djaga djaga Youssouf ne sait pas nager.

Le maître - *(mine déconfite*) Quel cataclysme grammatical ! Des fadaises ! Rien que des fadaises ! Oui des billevesées ! Corneille du fond de sa tombe, s'est retourné. Comme vous massacrez la grammaire, nous allons faire de la conjugaison ! Mettez à l'imparfait de l'indicatif la phrase suivante : « Les élèves jouent dans la cour pendant la récréation » Toi, Awa

Awa - Les *élèvait* jouaient dans la courait *pendantait* la *réacrationnait.*

Le maître - Zut ! Tu me donnes des vertiges avec tes tautologies, espèce de baudet. (*Il lui assène un violent coup*). Cheick Oumar, épelle-moi, femme !

Cheick Oumar -(*Avec emphase*) Femme s'écrit *FE, E,ME,ME,E*

Le maître - Quel pataquès ? (*Il lui donne une gifle*) Comment s'écrit un garçon

Cheick Oumar -(*Avec emphase*) Garçon s'écrit *GUE,A,RE,petire faucille,O,NE.*

Le maître - Des simagrées ! Prenez le par quatre ! (*Quatre garçons le tirent par quatre et il le frappe jusqu'à sang*).

La voix - Au Mali, le châtiment corporel est interdit à l'école.

Le maître - N'oublie pas qu'on est en Afrique. Seul le fouet motive l'enfant africain. En plus celle n'a pas respecté la règle…

Toi Moussa ! Divises huit par deux !

Moussa- Monsieur, huit divisé par deux égale ça dépend si c'est vertical c'est deux trois qui se regardent et si c'est horizontal c'est deux zéro, un en haut et un en bas.

Le maître - Vraiment l'école malienne va à vaut l'eau (*Il lui gifle. Le Directeur d'école accompagné de Mariam entre).*

Les élèves - Bonjour Monsieur

Le Directeur - Bonjour ! *(Il s'adresse au maître*). Monsieur Diarra, que s'est-il passé ?

Le maître – Comme vous le voyez vous-même Monsieur le Directeur, elle n'a pas porté la tenue de l'école.

Le Directeur - Mr, il vous est demandé d'apprendre la langue française mais vous dispensez vos cours en débitant des expressions aussi pompeuses qui nous donnent aux enfants des vertiges. Ne savez vous pas que le châtiment corporel est interdit à l'école ?

Le maître – Monsieur le Directeur, Le Directeur – C'est vrai que Mariam n'a pas raison mais ça ne valait pas le coup de la mettre à un tel état ?

Les élèves - Vraiment nous ne comprenons rien.

Le maître : A qui la faute ? Vous devrez vous en prendre à vous-même et à votre système éducatif. (*Il va s'asseoir. Un groupe De grands élèves entrent par effraction en classe)*

Le Secrégé - Bonjour Monsieur !

Le Prof - Bonjour !

Le Secrégé - Nous avons été mandatés par le bureau de coordination de l'AEEM. Sortez dans la cour pour suivre l'A.G ou nous procéderons la manière forte. Oser lutter, c'est oser vaincre. La lutte continue. Merci !

Le Directeur- Chers enfants, il est temps de réfléchir dans le bon sens vu votre faible niveau… Vingt ans l'école malienne se trouve dans la tourmente des grèves. Au moins épargnez les enfants de vos débrayages.

Le Secregé - Nous n'avons plus le temps d'écouter vos hypocrisies. Vous enseignants, combien de fois, vous êtes partis en grève ? Si tu présentes un regard doux de lait frais à nos gouvernants, ils y verseront du couscous. Oser lutter, c'est oser vaincre. La lutte continue. Merci !

Le Directeur - C'est effronté de ta part de me tenir un tel langage avant tout je suis moi-même parent d'élève. Nous voulons une école performante et apaisée.

Le maître – Je ne vous permets pas d'insulter une personne âgée, espèce de galvaudeux !

Le Sécrégé - (*se saisit d'un couteau et d'un ton menaçant*) Attend-moi, espèce d'enseignant aigri ! (*Un tohubohu s'installe dans la classe et les élèves huent le maître)*

La voix - Chers camarades, avec une telle violence à l'école et un tel vocabulaire : Sécrégé, A.G ? C'est E.G qui vous attend c'est-à-dire Echec général ! A qui la faute de ce cataclysme éducationnel ? Les élèves ? Les maîtres ? Les parents d'élèves ou les autorités politiques ou administratives ? Je ne sais pas ! A vous de juger ! (*Ils sortent*)

Bamako, le 04/04/2011

Les enfants et le palu

Mahamadou Seydou TRAORE

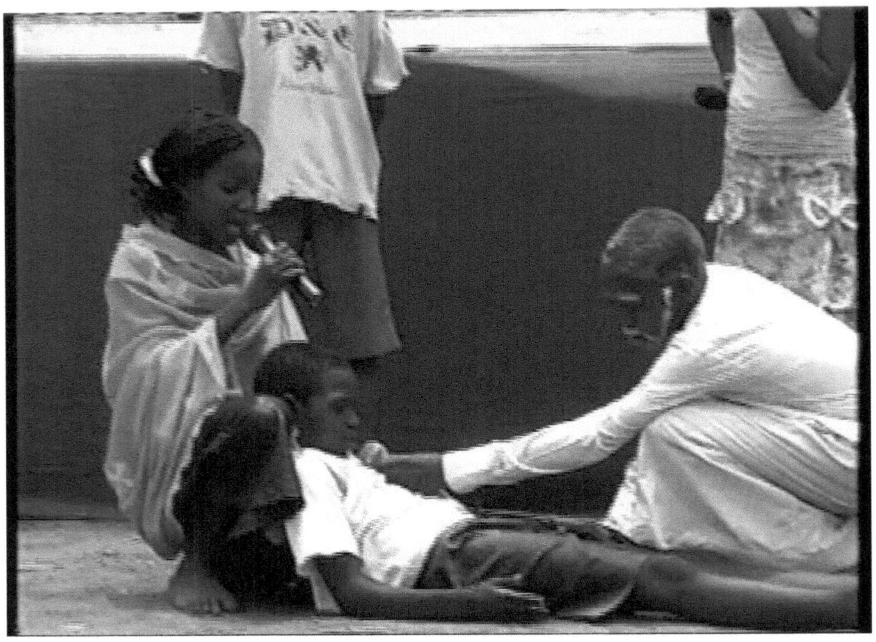

Personnages

Baba.. Chef de famille

Maman... Epouse de Baba

Yaya... Frère de Baba

Aly .... Fils de Baba

Solo.. Ami d'Aly

Makan.. Ami d'Aly

La voix - Chers amis, je vous invite à suivre la vie des enfants d*ans* cette cour où les hautes herbes et les boîtes de conserve les boîtes de conserve dominent l'environnement.

(*Baba s'évertue à fabriquer une corde. Maman fait la lessive*).

Baba - Kadia, apporte-moi à boire !

Maman : Entendu Baba ! (*Elle lui apporte de l'eau*)

Baba Et les enfants ? Où sont-ils ?

Maman - Ils sont sortis !

Baba - Fais attention, il y'a des coupeurs de têtes maintenant.

Maman - Ils ne sont pas loin. Ils sont partis à la mare.

(*Entre Yaya. Maman lui apporte à boire. Les salutations d'usage s'en suivent).*

Baba - Quel bon vent t'amène chez nous ?

Yaya- Rien de grave!

Baba - Et les nouvelles de la capitale ?

Yaya - Tout va bien ! Et ici ?

Baba - Comme tu le vois toi-même, on ne se plaint pas du tout.

Yaya - Et les enfants ?

Baba - Ils sont sortis.

Maman - Ils sont à la mare.

Yaya - (Se lève) A la m are ?

Maman-Pourquoi cet étonnement ?

Yaya - Vraiment vous, vous ne changez jamais.

Maman- Comment ?

Yaya- Comment pouvez-vous laisser les enfants aller se baigner à la mare ?

Baba- (*Se lève*) Toi, tu l'as fait pendant ton enfance non ?

Yaya- Les temps ne sont pas les mêmes. Regardez autour de vous ?

Baba - Quoi d'anormal ?

Yaya - Les hautes herbes, les boîtes de conserve, les eaux stagnantes et les ordures partout !

Baba - ça a été toujours comme ça. Faire deux jours en grande ville ne doit pas te faire changer, mon frère.

Maman : (*S'adresse au public*) Mon père avait raison. Ne disait-il pas que la grande ville fait transformer l'homme et dans le mauvais sens. En si peu de temps, voilà que Yaya est devenu un toubab.

Baba Vraiment, je ne le reconnais plus. Comme on le dit le plus souvent qu'un morceau de bois a beau séjourné dans l'eau ne peut devenir un caïman.

Maman - Epargne-nous de tes histoires de petit blanc.

Yaya - Et pourtant votre santé en dépend.

Baba : (*s'énerve*) Nous as-tu trouvé un malade ici ?

Maman - Walaï !

Yaya Comme on le dit aussi : « Mieux vaut prévenir que guérir »

(*Des enfants rentrent tenant Aly qui se tord de douleur en gémissant*)

Baba (*Se précipite vers eux*) Qu'est ce qui lui est arrivé ?

Makan (*Paniqué*) On jouait à la mare. Tout à coup nous avons remarqué qu'Aly suait beaucoup et il avait l'air très fatigué. Nous l'avions fait boire avec l'eau de la mare. Aussitôt il a pris froid.

Solo -Son corps est devenu très brûlant.

Maman- (*Pleure*) Oh Dieu ! Sauve mon enfant. Il y'a quelques instants de cela, Aly courait, sautait, gambadait et s'amusait avec ses camarades ici à la maison. Quelqu'un l'a-t-il jeté un mauvais sort ?

Baba - De ce pas, je vais chez Zié, le guérisseur.

Maman - Moi, chez la vieille Gnon.

Yaya- Personne ne bougera d'ici. Je suis allé à l'école pour qu'on me sème les graines du savoir. Je viens de finir les études en médecine. (Il fait sortir ses instruments de travail. *Il contrôle la température, les pouls, les battements de cœur d'Aly*). Faites le coucher dans la chambre ! (Il prescrit une ordonnance et la remet à Makan). Va à la pharmacie et achète-moi ça !

Maman - (*S'approche de Yaya*) De quoi souffre t-il ?

Yaya – Il a de la fièvre ! Sûrement un début de paludisme.

Maman - Du paludisme ?

Yaya - Oui le paludisme est une maladie très grave qui tue plus que toutes les autres maladies dans notre pays. Il tue des millions de personnes en Afrique par an.

Baba : Quoi ?

Yaya - Le paludisme est une maladie meurtrière qu'il faut éviter à tout prix.

Baba - Comment peut-on l'éviter ?

Yaya Une bonne hygiène à la maison est le meilleur moyen d'être à l'abri du paludisme.

Maman : C'est-à-dire ?

Yaya - A la maison, les intérieurs doivent être accueillants et propres. Les ustensiles de cuisine et la vaisselle doivent être bien lavés. Les ordures doivent être enfouies dans un trou loin des habitations. Surtout supprimez les eaux stagnantes qui favorisent la multiplication des moustiques.

Maman - Pourquoi les moustiques ? Qu'est ce qu'ils ont avoir avec le paludisme ?

Yaya - Le paludisme est transmis par la piqûre de l'anophèle.

Maman - Toi, toujours avec tes gros mots. L'anophèle, c'est quoi encore ?

Yaya L'anophèle est la femelle du moustique. Donc l'utilisation des moustiquaires imprégnées reste le moyen de traitement préventif le plus efficace.

Maman - Merci Yaya pour les conseils. Dorénavant nous en tiendrons compte. Yaya, regarde ! (*Certains enfants sont entrain de ramasser les boîtes de conserves déjà utilisées et d'autres désherbent la cour*)

Yaya- Les enfants ont bien compris la leçon et vous donnent l'exemple.

La voix- Chers amis, comme on le dit le plus souvent un corps saint dans un esprit saint. Rendons notre environnement propre si nous ne voulons pas tombés malades comme Aly l'a été. En bon entendeur, salut ! *(Il sort*).

Fin

Mahamadou Seydou TRAORE

Celui qui plante un arbre, n'a pas vécu inutile

Personnages

Seydou ……………………………………Agent des Eaux et forêts

Aminata………………………………… Enfant

Mafouné…………………………….. Enfant

Fatoumata………………………… Enfant

Safoura…………………………….. Enfant

Salif ………………………………….. Paysan

Zié…………………………………….. Paysan

Donso Kè…………………………….. Chasseur

La voix- Chers spectateurs et chères spectatrices, nous sommes dans un monde où il fait plus chaud. Les pluies se font plus rares. La faim et la soif sont rentrées dans notre vie. Que faire devant autant de problèmes qui détruisent notre vie. Chers spectateurs et chères spectatrices ? Ensemble découvrons cette saynète.

scène I: (*Seydou lit un livre. Les enfants entrent et le saluent*)

Aminata - Tonton Seydou, nous les enfants, ne vivons plus mais nous vivotons

Mafouné - Nous avons faim !

Fatoumata - Victimes des épidémies.

Safoura - La famine et les épidémies sont nos ennemies. Elles nous suivent pas à pas.

Aminata - Pour qu'à chaque faux pas, elles nous attaquent.

Mafouné - Et nous tuent un à un.

Safoura - Elles vont nous exterminer tous, nous les enfants

Aminata - A l'école, on a toujours dit que pour éviter tout ça, qu'il faut planter des arbres.

Mafouné - Oui, il faut planter des arbres.

La voix- Vous avez raison les enfants. Ne dit-on pas que celui qui plante un arbre n'a pas vécu inutile. Chacun de nous doit faire de cette assertion un mode de vie si nous voulons que notre race soit pérennisée. De ce pas, je vais convoquer une réunion avec les adultes.

Aminata - Nous vous accompagnerons, s'il vous plaît.

Seydou - D'accord ! *(Ils sortent)*

scène II:

(Une réunion se tient sur la place publique du village)

Seydou- Population de Hèrèbougou, rendons grâce à Dieu de nous avoir réunis ici aujourd'hui. Le but de cette rencontre n'est autre que le danger qui guette notre existence. C'est-à-dire la désertification. Quant on parle de désertification, c'est la famine.

Salif - Tu as raison, monsieur le forestier ! Je n'ai plus rien dans mon grenier.

Zié -Tu parles ! Moi ? Moi, ma famille vit le jour au jour depuis un certains temps.

Salif - Quel malheur nous est tombé sur les têtes ?

La voix - Qui épargne, prévoit les jours sombres. Mais vous les hommes, ingrats de tous les bords, vandales de tout acabit, avez tout détruit.

Le chasseur : Monsieur l'Agent des Eaux et forêts ne nous insulte pas!

Salif - Contrôle ton langage, monsieur le forestier!

Seydou - Je m'explique. Si nous hommes avions entretenu tout ce que Dieu a mis à notre disposition et qui constitue notre environnement, notre raison de vivre, de bien vivre et de mieux vivre…

Donso Kè - Ah ce pays ! Nous allons tous mourir dans ce pays. Si c'est le discours de nos dirigeants comme ça. Toujours ils rament à contre courant des réalités.

Zié - Walaï ! Au lieu de chercher une solution à nos problèmes, ils sont avec leur langue mielleuse dans les théories.

Donso Kè - Nous ne pouvons plus trouver notre pitance dans notre propre brousse. Ils nous interdisent de tuer les gibiers pour nous nourrir.

Salif - Vous n'êtes pas les seuls à qui l'on tire le pain de la bouche. Nous autres n'avons plus le droit d'abattre le moindre arbre pour en faire du charbon.

Zié - Nous les cultivateurs n'avons plus le droit de brûler les herbes afin de reverdir la nature.

Donso Kè - Sans gibier !

Salif - Sans charbon !

Zié - Sans feu de brousse !

Tous - Comment allons-nous vivre ?

Salif - Même si je dois passer le reste de ma vie en prison, je ne laisserai pas ma famille mourir de faim. De ce pas, je vais faire mon charbon.

Zié - Je ferai comme toi, Salif

Donso Kè - Moi aussi !

La voix - Arrêtez mes frères ! Regardez autour de vous. Où se trouve le beau paysage d'hier qui nous offrait tout ? A cette époque nous mangions et buvions à notre soif et à notre faim. C'est parce que nous n'avons pas pu utiliser ce don de dieu avec parcimonie au rythme de nos besoins vitaux que nous souffrons aujourd'hui.

Zié - Ventre creux …

Salif - N'a point d'oreille !

Donso Kè - Monsieur l'agent des eaux et forêt, au péril de notre vie, nous sommes désolés. Partons ! (*Ils sortent et les enfants qui avaient tout suivi, chuchotent des choses à l'oreille. Tout le monde sort*)

Scène III : (*Dans la brousse, tandis que Salif et Zié coupent un arbre, le chasseur est aux aguets. Une voix en échos se fait entendre*)

La voix – (*effrayante*) Arrêtez, hommes insensés. Ne touchez plus à cet arbre car il ne vous appartient pas. Toi, le chasseur, dépose ton fusil et mets-toi en genoux. L'arbre, c'est le compagnon et le serviteur de l'homme. L'ombre c'est l'arbre.

: La santé c'est l'arbre.

La nourriture c'est l'arbre.

: L'eau c'est l'arbre

L'engrais c'est toujours l'arbre.

La maison c'est l'arbre.

Le confort, l'équilibre et la vitalité c'est toujours l'arbre. Tant de services rendus à l'homme, ne l'empêche de le mutiler. De le blesser !

De l'abattre !

De le brûler sans jamais penser à le remplacer

Ou à le pérenniser.

Hommes, votre environnement, c'est votre richesse. Vous devrez l'entretenir, le garder jalousement et le soigner méticuleusement. Cette inestimable richesse ne peut vous servir que si chacun de vous, dans ses actions de tous les jours, tend à le sauvegarder. En bon entendeur, salut ! (*Les quatre créatures sortent à reculons)*

Zié : Elle a raison.

Salif - Tu parles, nous avons échappé belle.

Zié - Hun ! Ça sent mauvais !

Salif - En tout cas mon pantalon est mouillé.

Zié - Tu ne vas pas me dire que tu as fait la chose dans ton pantalon ?

Salif - Quoi d'anormal de mouiller son pantalon en de telle circonstance ?

Donso Kè- Dorénavant, je serais l'un des protecteurs de notre environnement.

Salif - Moi aussi !

Zié - Moi aussi !

La voix- Chers spectateurs et chères spectatrices, **celui qui plante un arbre n'a pas vécu inutile**

Fin

Mahamadou Seydou Traoré

Intronisation de Samory

Mahamadou Seydou Traoré

Personnage

Almamy Samory............................ Emir du Ouassoulou

Tierno... Conseiller coranique de l'Almamy Samory

Morifing Dian................................ Griot

Des sofas.................................... Guerriers

Une foule

La voix - Mesdames, Mesdemoiselles, Messieurs et chars camarades enfants, Je suis Diabaté, illustre descendant de Morifing Dian. Aujourd'hui je vais vous parler de

Samory Touré. Mais attention à la parole car elle peut anéantir tout un univers. Je sais bien que la parole est l'essence de notre société car elle se chante, se danse, s'écrit, se pleure, se raconte. Fils d'un colporteur dioula du bas Konyan et d'une mère malinké animiste, Samory est né à Miniambaladougou. Il devient un habile marchand ambulant à dix huit ans. Sa mère a été capturée au cours d'une guerre par Séré-Bourlaye, du clan des Cissé lorsqu'il avait vingt ans. Afin d'obtenir sa libération, il s'engagea au service des Cissé où il apprit le maniement des armes et entre en contact avec l'islam. Il y resta « *7 années, 7 mois, 7 jours* » avant de s'enfuir avec sa mère. Il s'engagea alors dans l'armée des Bérété, ennemis des Cissé, pendant deux ans avant de rejoindre son peuple, les Kamara. Il prêta serment de protéger son peuple contre les Bérété et les Cissé et fut nommé chef de guerre à trente un ans à Dyalan. Aujourd'hui il a trente huit ans doit prendre le titre de l'émir du Wassoulou. Je vous invite à suivre l'intronisation de Samory en Emir.

(*Une animation règne sur la place publique. Les tam-tams résonnent. On danse et on chante. Les sofas armés de fusils, de gourdins et de machettes forment un demi-cercle. Entre Morifing Dian, le griot. Trois coups de fusil retentissent*)

Morifing Dian- Place au maître de la poudre, des balles et du feu. ((*Se prosterne et Samory accompagné de ses chefs de guerre et de Thierno, entre).* Fils de Lanfia et de Sonha, je vous vénère par la bouche, le cœur et l'esprit. Vous êtes l'étoile que l'éclat du jour ne peut ternir. Vous avez détruit Gankouma, battu Sori Birama, pris Danafarani et annexé des contrées lointaines. Votre royaume s'est agrandi. Prenez place enfant béni car c'est vous qui avez délivré votre mère de l'esclavage en s'engageant au service de Sori Birama. (*Samory s'assoit*). Touré Mandé Mory, vous êtes le taureau qui à lui seul emplit un parc. Oui vous êtes l'hippopotame mâle solitaire des berges du fleuve Djoliba. A présent les cérémonies d'intronisation peuvent commencer. Elles seront procédées par le Saint Thierno, grand marabout et conseiller de l'Almamy.

Thierno - (*chapelet en main se lève et arpente la scène de long et large*). Aw zubilahi mina seytane razimi. Alahou Akbar! Alahou Akbar! Alahou Akbar! Il fait partir de la foi de Dieu, la croyance que Dieu est le créateur de l'univers avec son savoir et sa capacité. Il gouverne l'univers comme il veut. Il est le maître ici-bas et de l'au-delà. Il est le seigneur des mondes. Il n'ya créateurs sauf lui. Il a envoyé des prophètes et descendu le Coran pour éclairer les hommes. Allah a crée le soleil, la lune et les étoiles. (*Se prosterne devant Samory*) Samory Touré, le miséricordieux vous t'a confié une mission ici bas. Il t'a choisi pour diriger. Mais n'oubliez jamais que l'islam est la religion de l'action. C'est un mode de vie. Il a été transmis à l'humanité pour le servir de guide. Samory, il faut jurer sur le Coran que : Qu'Allah est unique et que Mohamad paix et salut sur son âme est son prophète. Almamy,

La voix- Samory, Ne confondez pas la rapine et la guerre sainte.
Ne tuez pas inutilement.
Jugez selon les préceptes du coran.
Que les mécréants soient combattus.
Que votre empire soit un havre de bonheur et de prospérité.

Samory - (*Se lève*). Je le jure. Je promets que le jour que l'étoile de l'islam ne luira pas sur mon drapeau, qu'Allah m'envoie aux flammes de l'enfer. Je défendrai jusqu'à mon dernier souffle le legs ancestral c'est-à-dire nos terres. Les oreilles rouges veulent nous les enlever et nous réduire en esclavage sur nos propres terres. Je les combattrai ces cafres pour le bonheur et la prospérité de mon peuple. Qu'Allah m'entende !

La foule - Amen.

Samory - Je scellerai des alliances avec les rois des contrées lointaines. Atakbir !

La foule - Allahou Akbar ! (*Samory s'avance et prend place sur la peau de taureau rouge. Thierno vient se prosterner à côté de lui*)

Thierno - Voici une bouilloire pour les ablutions. (*Il lui remet la bouilloire*). Un chapelet pour les méditations. (*Il lui remet le chapelet*). Un Coran pour une meilleure application de la Charia. (*Il lui remet le coran*). Enfin un turban pour que vous prenez le titre de l'Emir. Oui l'Emir du Ouassoulou. (*Il attache le turban sur la tête de Samory. Trois coups de feu rétentissent)*

Morifing Dian - Emir, levez-vous, dressez-vous à la verticale comme une lance.

Samory - je vous remercie, Morifing Dian. Tu seras toujours conseiller personnel, Morifing Dian.

Morifing Dian - Que Dieu vous bénisse Almamy. Je vous serai toujours loyal et fidèle jusqu'à la mort.

Samory - Quant à vous Thierno, je veillerai à appliquer vos recommandations selon les préceptes du Coran.

(*Les femmes chantent « Douga » en hommage de l'Almamy Samory*)

Fin

Mahamadou Seydou Traoré

La SCOLARISATION DES FILLES

Mahamadou TRAORE

PERSONNAGES

Sali...Fille d'Adama.

Aminata..................................... Camarade de Sali.

Fatim..Camarade de Sali.

Moussa......................................Camarade de Sali.

Adama.......................................Vieux intégriste.

Souleymame..............................Frère d'Adama.

Maman.......................................La mère de Sali.

Djéliba. .... Griot

Dougoutigui......................Porte-parole des chefs de quartier.

Djigui……………………………………………Monsieur le maire.

La voix- Oh ténèbres

! Ténèbres des nuits

Ténèbres des puits

! Ténèbres des jours

! Ténèbres des fours

Ténèbres des tombes

! Ténèbres de l'obscurantisme

! Oh Dieu, préserve-nous des ténèbres de l'obscurantisme !

SCENE 1

(*A la descente des cours, des élèves discutent*).

Sali - Aminata, quelle a été la réaction de ton père quand il a appris que tu as redoublé la 6eme année ?

Aminata - Il n'a soucie guère. Il veut même m'enlever de l'école car d'après lui, il perdrait toute autorité sur moi.

Fatim - c'est encore pire moi. La maison est devenue un enfer ! Papa ne veut même pas me voir avec un cahier ou un livre. Pour lui, l'école pervertit les filles.

Sali - Quant à moi, c'est autre chose. Ma mère souffre le calvaire parce qu'elle soutient activement mon oncle qui m'a mise à l'école. Souvent mon père parle de la répudier.

Aminata - Nos pères vont-ils comprendre que nous les filles avons droit à l'inscription à l'école autant que les garçons ?

Sali - Je ne sais pas mais ce qui est certain c'est que nous sommes soutenues par quelque parent ouverts aux progrès, si non nous ne serions pas aujourd'hui à l'école.

Moussa - Est-ce que nos parents n'ont-ils pas raison ? A bien réfléchir, ils sont de milliers jeunes diplômés sans emploi à travers nos villes et nos campagnes ? Faire dix sept ans études dans le meilleur de cas. Dix sept ans à user le fonds de culotte, obtenir un diplôme et se retrouver un jour sur les carreaux. Non ! Nos parents ont raison.

Aminata-Moussa tu es complètement cinglé.

Sali - On ne va pas à l'école pour être fonctionnaire de son état, mais surtout pour disposer d'un certain bagage intellectuel qui nous permettra dans la vie de mettre toute les chances de notre côté. Non ! Moussa tu me déçois !

Fatim - Quant à toi Sali, tu es aussi malheureuse que nous. Espérons que nous allions bénéficier de quelques uns de nos parents. Bon ! Nous te quittons Sali ! Au revoir !

Sali - Au revoir ! Je vais un peu apprendre mes leçons avant de rentrer, Papa ne veut pas me voir assise un livre sur les genoux. (*Les enfants se séparent et sortent)*

SCENE 2 : (*Adama, le père de Sali égrène son chapelet sur une peau de prière. Sali entre.)*

Adama - (Furieux) D'où viens-tu si tard ?

Sali - J'apprenais.

Adama (Furieux *se lève et fonce sur Sali qui va à reculons*) Ha ! L'école ! Où va te mener cette maudite école ? Ta mère ne connais ni A ni B et pourtant elle fait parfaitement sa cuisine elle fait admirablement le linge et tout est propre chez moi. La femme a-t-elle besoin d'aller à l'école. Si c'est que des choses qui avilissent et pervertissent ? (*Entre la mère de Sali*) et d'ailleurs c'est toi, vielle sorcière qui est entrain d'encourager ta fille. Depuis qu'elle a été à l'école. Jamais dans la cuisine, jamais le pilon à la main, jamais la lessive. C'est toi qui va lui remplacer chez son mari un jour ? Vraiment j'en ai marre. (*Il retourne pour s'asseoir. Entre Souleymane l'oncle de Sali.)*

Souleymane - Bonsoir Adama !

Adama - Bonsoir !

Souleymane - Que se passe-t-il ?

Adama -Il n'y a rien !

Adama -Qu'est-ce qui te pousse à hurler comme un fou ?

Adama - Oui je sais que vous êtes tous complices ici. Je suis esseulé dans cette maison. Je m'en remets à Dieu. D'ailleurs Sali et son école ne me regardent pas.

Souleymane - Adama, regarde autour de toi, dans notre société ? Qui nous gouvernent aujourd'hui ? Qui vivent bien aujourd'hui ? C'est surement ceux qui sont partis à l'école. N'oublie pas que le monde change. N'oublie pas aussi que la roue de l'histoire emporte tout ce qui rame à contre courant de l'histoire. Sali est ma fille, à moins que tu me dises le contraire aujourd'hui. Si le bon Dieu m'avait gratifié d'un enfant, tu ne m'aurais pas tenu ce langage. Aujourd'hui la tradition me donne Sali comme enfant et quoi qu'il arrive elle est mon enfant. Elle restera mon enfant. Rien, ni personne ne peut quoi que ça soit. Sali est à l'école, elle y restera.

Adama - Pas de grand mot ! Attention ! Je suis ton grand frère. Et je l'attends rester avec tout le respect qui m'est dû ! Va au diable avec tes théories ! *(Furieux, il fonce sur Souleymane. Maman le retient vigoureusement)*

Maman- Je vous prie d'arrêter ces discutions. Le linge sale se lave toujours en famille. N'attirez pas tout le quartier car vous savez aujourd'hui que les mauvaises langues sont toujours en quête de ragots.

Souleymane - Tu as raison belle sœur. La vérité rougit les yeux mais ne les crève pas. Qu'Adama veuille ou pas Sali ira à l'école. Un point, un trait. (Il sort).

SCENE 2 (*Quelques années plus tard, une fête est organisée à l'occasion de l'inauguration d'une maternité. On chante et danse*).

Djéliba - Population de notre très chère commune et environ, par ma modeste voix Monsieur le maire, ses conseillers et les chefs de quartiers vous souhaitent la bienvenue. Les jours se suivent mais ne se ressemblent pas. Aujourd'hui pour nous est un grand jour. Et la parole sera donnée au porte-parole des chefs de différents quartiers qui composent notre commune pour le commencement de la fête.

Dougoutigui - Population de notre commune grâce soit rendue à Dieu de nous avoir tous réunis sur cette place aujourd'hui. A partir de cet instant, nous avons une maternité. Finis désormais pour nous les longues distances que nous parcourions dans les conditions inhumaines. Finis pour nous les dépenses exorbitantes parce que notre maternité est à nous. Nos femmes pourront accoucher dans de bonnes conditions. Nos femmes pourront être suivies durant les 9 mois de leurs grossesses. Et tout cela grâce à un enfant de la commune que j'ai nommé Salimata TRAORE, fille de Mady et de Haby (*applaudissements*). Je terminerai tout en disant ceci : Sali toutes les populations de la commune vous bénissent.

Djéliba - Si on dit que la femme ne vaut rien, reconnaissons que rien ne vaut la femme. Et la parole est à Monsieur le maire de la commune.

Maire - Merci Djéliba, Mesdames et Monsieur bonsoir ! L'inauguration de cette maternité aujourd'hui nous donne l'occasion de revenir sur la nécessité d'envoyer nos filles à l'école. Ne dit-on pas quand on instruit. Que sommes-nous sans la femme. Rien assurément. Pensons aux rôles de la femme dans notre société. Ils sont multiples, divers, vitaux. C'est pour toutes ses raisons que nous désormais donnions à la femme ses droits, le droit de l'éducation, le droit de l'instruction, le droit au développement. L'homme, l'enfant, la famille, la santé, l'économie familiale, le lit n'est-ce pas femme ? Eduquons la femme, encore éduquons la femme si nous voulons développer notre pays et prolonger notre espérance de vie.

Djéliba - Merci Monsieur le maire, à partir l'exemple de Sali personne ici bas ne pourra mépriser une femme, ne pourra se méprendre sur l'importance de la femme dans notre société (*s'adressant a Sali*) … Sali nous voulons te voir, t'entendre. Tu es notre fierté.

Sali - Mes chers pères et mères, chers frère et sœurs, je vis aujourd'hui l'un des plus beaux jours de ma vie. Ce qui m'arrive aujourd'hui va au delà des mots, mais je tiens à dire que je n'ai fait que mon devoir et celui qui fait son devoir ne mérite pas de récompense. C'est vous qui m'avez mis au monde, qui m'avez éduqué, qui m'avez scolarisé. Et aujourd'hui je vous offre cette maternité. Ce n'est que justice rendue. Mais je vous demande une faveur. C'est accepté d'envoyer vos filles et sœurs à l'école tout comme leurs frères. Elle tourne la route de l'histoire et nul au monde ne peut l'arrêter. Les temps changent, les générations passent comme les jours. Ceux qui ne suivent pas le changement sont écrasés et leurs enfants condamnés. Encore une foi instruisez mes sœurs. Pour terminer, je vous demanderai des bénédictions.

Djéliba- Merci Sali. Tous les vieux ici présents, toute la population ont compris ton message. Je crois que même les plus réticents à la scolarisation des filles ont laissé émouvoir par les différentes interventions. Nous te faisons le serment que dorénavant nous enverrons nos enfants à l'école. In chalaw.

Adama- (*Se lève et avance vers l'avant-scène*) Quelle obscurité m'enveloppe ? Malgré cette foule compacte, bruyante, je sens seul, seul avec mon remords. L'ignorance n'est elle pas la pire des maladies ? Qui aujourd'hui n'aurait pas souhaité Sali comme fille ? Sœur ou épouse ? Dieu je sens inutile ! Entêté et bute ! Pourquoi n'ai-je pas compris plus tôt, que même ma religion me recommande d'instruire ma progéniture sans aucune distinction. Je reconnais sans fausse honte que je ramais à contre-courant de l'histoire.

La voix- La fille, la femme, l'épouse, la mère. Quels joyeux ! Quelle richesse ! Richesse d'hier ! Richesse d'aujourd'hui ! Richesse de demain ! Richesse éternelle qui donne sens à la vie. Sali, ma fille chérie, mon brave frère Souleymane, ma tendre femme Khadîdja. (*Sali, Souleymane et sa femme le rejoignent*) Je vous demande pardon ! Hommes et femmes qui m'écoutent, instruisez vos enfants surtout vos filles car toute la nation en bénéficiera.

Fin

Mahamadou S. TRAORE

La lecture

Personnages

Mah.................................. Mère de Seydou

Seydou .... Ami de Moussa

Moussa .... Fils de Mah

Fati.................................... Sœur de Moussa

Papa.................................. Père de Moussa

Djéliba.............................. Griot de Mah

(*Dans la cour d'une maison, Mah fait le linge. Son fils Seydou s'apprête à sortir*).

Mah – Seydou, Où vas-tu ?

Seydou - Au terrain.

Mah - Pour faire quoi ?

Seydou - Jouer au ballon.

Mah - Jouer au ballon ? Même en ce jour de fête ?

Seydou - Oui Mah.

Mah - Oh ! Mon Dieu ! Sauve-moi de cette histoire de ballon !

Seydou - Qu'y-a-t-il Mah ?

Mah - Le football ! Toujours le football ! Tu t'es tellement entiché du football que rien d'autres ne compte pour toi, ni tes sœurs, ni tes frères, ni ton père, ni moi-même, ni tes études, ni moi-même.

Seydou - Mah, je vous aime tous, ainsi que mes études. Mais j'ai un seul objectif.

Mah - Lequel ?

Seydou - Embrasser une carrière de footballeur professionnel et d'être une grande star de ce métier.

Mah - Tu es cinglé Seydou ? Le football n'est pas un métier mais une simple distraction.

Seydou - Mah, les temps ont changé. Le football est la profession la plus lucrative en ce 21ème siècle.

Mah - Si cela est vrai donc elle est ingrate. Les anciens footballeurs qui ont fait la pluie et le beau temps vivent aujourd'hui à l'anonymat. Ils vivent dans la galère qu'aucun parent ne souhaitera à son enfant.

Seydou - Mah, les choses ont tellement évolué. Le football connait en ce moment un changement. Le professionnalisme s'est imposé à la place de l'amateurisme. Il paraît que certains clubs paient ses joueurs à coût de milliards à chaque fin de mois, sans compter les primes de matchs.

Mah - Digne d'intérêt.

Seydou - Chaque génération a son histoire.

Mah - Tu veux vraiment être un footballeur professionnel ?

Seydou - Mah, c'est mon vœu le plus ardent. Si je parviens à avoir le génie créateur du Roi Pelé, l'immense talent de Salif Keita Domingo, le courage et la rage de vaincre d'Albert Roger Mila, le don dribleur fou de Diégo Armando Maradona, la précision de Michel Platini et la puissance de Ronaldo, je serai un espoir de ce pays.

Mah - Quel rêveur ?

Seydou - Mah, il faut être ambitieux. Mah, je rêve déjà des déferlements et les Holas des supporters hyper déchaînés quand l'équipe malienne sortirait des vestiaires. J'imagine déjà l'ambiance folle de grandes fêtes que nos stades flambants neufs vont abriter. Je sens déjà l'émotion. Que Dieu m'entende pour que je sois parmi les meilleurs joueurs du monde.

Mah - Seules la discipline et la rigueur dans le travail peuvent te donner cette chance.

Seydou - Mah, on a assez bavardé, je file au terrain. (*Il sort)*

<u>Scène II</u>

(*Moussa lit dans le salon. Fati joue au Nintendo. Maman met la musique à fonds et esquisse quelques pas de danse. Puis elle sort. Moussa, furieux, se lève et va l'éteindre. Entre Seydou*)

Seydou - Toi, tu es toujours avec tes histoires de livres même le jour de Ramadan.

Moussa - Ecoute ce passage « l'œil va où le cœur ne veut pas mais le pied ne va pas là où le cœur ne veut pas aller ». Que penses-tu de cette assertion ?

Seydou - Rien. Tes balivernes ne m'intéressent pas.

Moussa - Pourquoi elles ne t'intéressent pas ?

Seydou - Parce que je n'ai pas cette patience de prendre mon temps pour lire.

Moussa - Et portant la lecture est indispensable dans la vie d'un élève.

Seydou - Mon truc c'est le football. Tu ne sors pas pour les entraînements.

Moussa - Non, je dois finir ce livre de Muriel Block.

Seydou - Bien, je te quitte (*Il sort. Maman rentre et se met à se maquiller le visage. Elle remet la musique et commence à dandiner la tête*).

Moussa - Fati, quelle est la cicatrice de l'homme ?

Fati - Je ne sais pas.

Moussa - C'est le nombril de l'homme.

Moussa - Fati, j'ai un frère qui travaille jour et nuit sans arrêt. Qui est-il ?

Fati- je ne sais pas ! Demande à Maman

Maman - Je ne sais pas. Laisse-moi tranquille, monsieur Amadou Hampaté Ba !

Moussa - C'est le cœur de l'homme.

Maman - Moussa, qui t'apprend toutes ces choses là ?

Moussa - C'est dans les livres que je les découvre.

Maman - Les livres ? Mais Moussa, je ne suis plus élève.

Moussa - Tu as lu « Vieux lézard » d'Ousmane Diarra ?

Maman - Non! Qui est Ousmane Diarra ? Un politicien ? Il est de quel parti politique ?

Moussa - Tu vois bien Maman que tu n'es pas cultivée ;

Maman - Cultivée ? Je ne suis pas une terre à cultiver pour ton information au cas si tu ne le sais pas. Quelle griotte en vogue ne me connaît pas ici à Bamako ? Quelle est cette grande rencontre des grandes de la capitale que je ne participe ? Toujours bien habillée et mes parures sont toujours au top. On me compte parmi les grandes dames de la capitale.

Moussa - Maman, tu tapes toujours à côte. Ousmane Diarra est un écrivain malien.

Maman - avec toutes ces cérémonies de mariages, de baptême, de tontine, des réunions d'association, quel temps pourrais avoir pour lire ? D'ailleurs tu me fiches la paix. J'ai d'autres préoccupations aujourd'hui ; Il y'a le grand soumou au Palais de la culture cet après midi. C'est là que les grandes se font remarquer de par leur habillement, les bijoux et surtout de leur largesse aux griottes devant les cameras de télévision.

Moussa - Maman, quant allez vous changer cette mentalité. Le monde devient de plus en plus dur pour jeter l'argent par la fenêtre.

Maman - Zut ! Mesure tes mots. Avant tout je suis ta mère. Tu n'as pas de leçon à me donner. Je ne suis de la dernière pluie. C'est la société qui encourage le paraître. Si tu ne vis pas comme çà, tu ne seras pas respectée. (*Djéliba entre*)

Djeliba - Diarra ! Diarra ! Digne descendante des rois de Ségou ! Merci pour hier ! Merci pour aujourd'hui ! Merci pour demain ! Ta largesse n'a fait défaut.

Maman - Fati, donne à boire à Djeliba ! Djeliba, il y'a de la place

(*Le griot s'assoit*)

Djeliba - Merci, la brave des braves femmes de la capitale.

(*Fati lui amène de l'eau. Djeliba après une gorgée, fait des grimaces*)

Djeliba - On dirait qu'il y'a une décharge électrique la-dans tellement qu'elle est glacée ! Merci Djatiguimousso.

Maman - Quel bon vent t'amène chez nous aujourd'hui, grand griot?

Djeliba - Le vent du bonheur et de la paix ! (*Il fait des éloges de Maman qui lui offre des billets de banque)* Merci ! C'était un bonjour, Madame Diarra. Je demande la route.

Maman - Au revoir Djeliba !

(Djeliba sort)

Moussa - Maman, comme çà, tu es fière ?

Maman - Je le suis car les griots ne font pas les louanges de n'importe qui.

(Entre Papa)

Papa - Moussa, pourquoi cette tête ? Qu'est ce qui ne va pas ?

Moussa - Tout va bien.

Papa - Pourquoi tu n'es pas sorti pour aller saluer. Tous les garçons de ton âge sont dans la rue, vêtus de leurs beaux habits de fête. Et pour je t'ai fait le plus cadeau en t'achetant du bazin riche comme habit de fête.

Moussa- Le plus beau cadeau ?

Papa - Que veux-tu de plus ?

Moussa - Un livre !

Papa - Un livre ? Moussa, cesse de rêver en petit blanc. Je suis un intellectuel.

Fati - Moussa a raison. Le plus cadeau que l'on puisse donner à un enfant reste le livre. Moi, je ne lis pas beaucoup. Je sens la différence entre Moussa et moi. L'autre jour, notre maître nous a demandé de citer trois pays francophones. Personne n'a pu répondre en classe.

Maman - Vous n'êtes que des vauriens ! C'est cela une question difficile ? Citez trois pays francophones est facile comme boire de l'eau. Trois pays francophones sont : radiophone, magnétophone et le téléphone.

(*Tout le monde s'éclate de rires*)

Moussa - Ah la grande Dame ! En plus secrétaire de son état. Tu vois bien que j'avais raison !

Maman - Raison de quoi ?

Papa - Les enfants ont raison. La lecture est une nécessité dans la vie si l'on veut éviter l'humiliation.

Maman - Dans tout ç a, je ne comprends rien.

Moussa - Un pays francophone est un pays où on parle le français tel que le Mali. Maman, je t'offre ton cadeau d'anniversaire.

Maman - Anniversaire ?

Moussa - Aujourd'hui, c'est ton anniversaire.

Maman - Je l'avais oublié avec toutes ces cérémonies.

Moussa - (*lui tend un livre*) Tiens, c'est ton cadeau d'anniversaire.

Maman - Merci Moussa ! Je te promets de le lire.

Moussa - Merci Maman !

(*Seydou entre en boitillant*)

Moussa - Qu'est ce qui t'est arrivé ?

Seydou - Je me suis blessé ! Tu avais raison, Moussa. Chaque chose a son temps. Concentrons-nous d'abord sur nos études. Peux-tu me prêter un livre ?

Moussa - Avec un grand plaisir, mon cher ami ! *(Il lui tend un livre)*

Le roi Babemba

De Mahamadou Seydou Traoré

Personnages

Babemba..Roi du Kénédougou

Tiécourou...................................... Chef des gardes de Babemba

Kèlètigui... Chef de guerre de Babemba

Momo... Sœur de Babemba

Fo ....Neveu de Babemba

Madou... Neveu de Babemba

Sofa.. Garde

Deux femmes .... Amazones

Voix- Chers spectateurs et chères spectatrices, aujourd'hui je vous transporte dans le royaume du Kénédougou. La bravoure au Kénédougou est génétique. La bataille de kénédougou fut héroïque. Les grands hommes au Kénédougou sont comme une touffe de lianes. Si on coupe une, une autre renaît.

(Dans le palais royal, Babemba seul, pensif arpente la scène de long en large et en fond sonore des coups de feu. Puis il prend place sur sa chaise ornée de cuir).

Babemba - Sofa, dis à Tiécourou de rentrer (*le garde sort et rentre avec accompagné de Tiécourou*). Tu peux disposer Sofa. (*Le garde sort*). Tiécourou, dis-moi ce que l'avenir nous réserve.

Tiécourou- les abeilles ont le dessus sur les enfants, les enfants ont le leur sur le margouillat. Le margouillat à son tour a le dessus sur les abeilles.

Babemba- (Intrigué) Si vous cessez de parler en énigmes, je vous comprendrais peut être.

Tiécourou- - (Avec un air grave) Si le mensonge est l'eau dans laquelle vous nagez, sachez que cette eau est dangereuse pour le nageur.

Babemba - Je ne comprends pas.

Tiécourou- On peut être victime d'une chose que l'on ne craint pas.

Babemba- Parle une langue très claire !

_Tiécourou - Fama, l Le mouton à laine ne doit pas s'aventurer là où le cram-cram s'accroche à un œuf de poule. L'avenir est rempli de mystères mais il faut rester serein.

Babemba – Serein ? Tu sais bien que nous avions à faire avec des armes perfectionnées à tirs rapides. Ce n'est pas Samory aujourd'hui mais nous avons en face l'incarnation du diable qui nous domine en tout sur cette terre.

Tiécourou – Fama, nos hommes ont promis de se battre jusqu'à la dernière goutte de leur sang et ont promis de boucher ou de toucher avec leurs mains les canons ennemis les canons des ennemis par la magie des herbes.

Babemba – Soyons réalistes, Tiécourou ! Le combat est inégal. Nous ne sommes pas fabricants d'armes. Les fusils de traite que nous utilisons sont vieux et proviennent de leurs usines. Je connais bien la puissance des Oreilles rouges. J'ai participé à leur côté à la prise de Ségou.

Tiécourou – Fama, en plus des douze mille fantassins et les deux mille cinq cent cavaliers tous braves, nous avons les deux tatas qui nous protègent. Je ne comprends pas votre inquiétude, Fama. Alors pourquoi avoir provoqué une guerre si vous savez d'emblée vaincu ?

Babemba – Je n'aime pas les fourbes des Oreilles rouges. Au début ils sont venus en amis. Ils ont même apporté des cadeaux à mon frère Tièba à travers le Capitaine Quinquandon. Ils nous ont aidé à prendre Kignan et Loutana. Après ils nous ont obligé à nouer une alliance de protectorat. Lorsque Samory nous a attaqué, ils n'ont rien fait. En plus leur demande devenait de plus en plus grande. J'ai compris qu'après Samory, ce sera notre tour. A Sikasso ne dit-on de moi l'homme le plus adroit du Kénédougou. Ne dit-on pas que je peux du Fama koulou atteindre un œuf sur le Kapélé Koulou. Pourquoi vous ne voulez pas que je me batte aux côtes de nos hommes ?

Tiécourou – Fama, votre langage est difficile à pénétrer. J'ai entendu de choses troublantes, l'amertume (*Silence*) Un peuple soumis à la servitude… la gloire du diable couronner des oreilles rouges… Un peuple asservi aux enfants indomptés. Fama, restez ici à diriger les opérations et la gloire de Sikasso en dépend.

Babemba - Mais la gloire de Sikasso sera celle du vaincu devant un ennemi très fort ? Je ne laisserai pas souiller l'honneur de mon peuple. Moi vivant, jamais mon peuple ne sera asservi par des non circoncis. (*Entrent Momo et deux femmes*). Qu'ya-t-il ma sœur ?

Momo - Nous sommes venues demander ta permission pour nous battre aux côtés de nos maris, frères et fils. Nous ne pouvons pas assistées impuissamment nos hommes mourir sous les balles assassines des Oreilles rouges. Armez nous !

Babemba - Pas question, Momo ! La guerre c'est pour les hommes.

Momo - Il ne sera pas dit dans l'histoire que les femmes de Sikasso ne se sont pas battues pour défendre le legs ancestral.

Babemba - Je reconnais votre bravoure, femmes de Sikasso. Vous l'avez démontré lors du siège de Samory. Cette fois ci l'ennemi est de taille. Je vous prie de quitter la ville pour perpétuer notre royaume.

Momo - Jamais nous ne fuirons devant une bande d'Oreilles rouges.

(*Entre Kèlètigui*)

Babemba - Qu'y'a-t-il Kèlètigui ?

Kèlètigui - les oreilles rouges sont déjà entrés par le côté Est du tata. La bataille fut rude sur les rives du Lotio. Les canons ennemis ébranlent vers le Famakoulou. Nos Hommes se battent avec vaillance pour repousser l'ennemi. L'instant est grave.

Babemba - Mais les pleurs que l'on verse signifient-ils le désespoir ?

Kèlètigui - Les hommes de Karamokotié, de Kolondjougou et de Siaka Foronto votre frère, se battent avec la plus grande détermination.

Babemba - Kèlètigui, accompagne Momo et les femmes à la porte du Sud. (*Kèlètigui, Momo et les deux femmes sortent. Entrent Fo et Madou*) Qu'y a-t-il mes enfants ?

Madou - Ecoute, Fama, maintenant que les cannons des Oreilles rouges sont près à viser les murailles du Dionfoutou, nous ne pouvons plus restés passifs à l'intérieur de ces remparts qui bientôt ne seront plus suffisants pour nous protéger.

Fo - Sortons et battons nous avec la dernière énergie aux côtés de nos hommes qui résistent.

Babemba - Mes enfants, il faut regarder la réalité en face. Le donjon est à moitié détruit, nos hommes malgré leur bravoure tombent sous les balles ennemies. Famadougou est pris. Ce qui rend Sikasso encore plus vulnérable. Rejoignez les hommes de l'Almamy Samory au Sud

Fo - Quoi ? Se rejoindre à un ennemi ?

Madou - Fama, ce serait offensé grandement la mémoire de notre père

Babemba - L'Almamy n'est pas un ennemi. Nous menons le même combat c'est-à-dire la reconnaissance de la dignité africaine. Certes nous avons commis des erreurs en nous affaiblissant par nos querelles fratricides. Sortez mes enfants. Dites à la population de sortir par la porte du sud. (*Kèlètigui rentre de nouveau*)

Kèlètigui - Et vous Fama ?

Babemba - Je n'irai nulle part car un homme ne meurt pas deux fois. Il n'ya pas un autre monde après l'au-delà. (S'adresse à Fo et Madou) Mes enfants partez, la bataille n'effraie personne ici. Mais il s'agit de sauver tout un peuple. Apportez ce message à l'Almamy « si les rois encore libres pouvaient se donner la main pour défendre nos terres et la dignité de l'homme noir». Si on vous coupe la route du Sud, rejoignez les Lobis rebelles à l'Est. (*Fo et Madou sortent*)

Kèlètigui - Nous aussi pouvons sortir par la poterne du Dionfoutou!

Babemba - Jamais, je ne fuirai jamais. Il ne sera jamais dit à ma descendance que je suis un fuyard. Je suis un homme et je mourais homme. Mieux vaut mourir dans la dignité que de vivre dans la honte. L'humanité retiendra que c'est moi qui ai circoncis et balafré des Oreilles rouges.

Kèlètigui - Alors je rejoins les combattants. (*Les crépitements des armes, le bruit assourdissant de l'artillerie et les cris de détresse se font de plus en plus proches).*

Babemba - Kèlètigui, adieu ! On se verra à l'au-delà ! Enterrez-moi dans un lieu qui va demeuré secret pendant au moins cent ans. Que les Oreilles rouges ne voient pas mon corps.

Kèlètigui - Comme vous le souhaitez, Fama ! (*Il sort*)

Babemba - (*S'adresse à Tiécourou*) Si tu vois que la poule a pondu un œuf en plein milieu de la cour

Tiécourou- Ça veut dire que la mort te cherche. Il faut tuer la poule et casser l'œuf avec son sang.

Babemba - Si tu vois le jour, l'animal qui chasse la nuit ?

Tiécourou- C'est l'annonce de la mort

Babemba - Si tu rêves que tu sèmes le mil en pleine saison sèche ?

Tiécourou- C'est encore la mort

Babemba - La mort pour les vieux, c'est bien. C'est leur temps de s'en aller au village des ancêtres, Tiécourou, fusille-moi ! (Tiécourou hésite) Fusille-moi, Tiécourou. Ne me laisse pas tomber entre les mains des Oreilles rouges. Mieux vaut la mort que la honte (*Il sort suivi de Tiécourou. Un coup de fusil retentit. Tiécourou rentre de nouveau*)

Tiécourou- Le roi est mort ! Vive le roi ! Moi aussi, je ne dois pas survivre. (*Il sort et un coup de fusil retentit de nouveau*)

La voix- Chers enfants du Mali, Cet acte de Babemba symbolise la bravoure et non la lâcheté. Sikasso est tombé mais ses enfants sont restés indomptables et braves.

Mahamadou Seydou Traoré

FIN

A nous aussi nos droits

Personnages

Férima...Vendeuse ambulante

Naka .... Vendeuse ambulante

Nènè... Vendeuse ambulante

Saran...Fille de joie

Bouya... Le cireur

John Faragnimijon ....Ex enfant soldat

Zanga ....Enfant trafiqué

Garib.. Le mendiant

Karamoko..................................... Le maître coranique

Koman...Planteur

Deux enfants soldats

(Dans la rue Tagnini, Zanga très fatigué, arrive. Il s'assoit et se met à bailler. Il se couche et commence à ronfler. Arrivent trois filles, des vendeuses à la sauvette)

Férima - De l'eau glacée ! De l'eau glacée ! Venez acheter de l'eau glacée !

Naka - De la bonne banane ! De la bonne banane de Sikasso !

Néné - De l'arachide ! L'arachide de Kita ! (*remarque Férima pensive*) Férima, qu'est ce qui ne va pas ?

Férima -Aucun client ! Et la femme de Karamoko veut que je fasse la même recette De la saison sèche. Sinon ce sont les chicotes. Quelle vie d'enfer ! Je suis plus qu'une esclave. Bonne à tout faire et n'ayant droit à rien. Dieu est grand. Ma patronne pense que ses enfants sont ceux du bon Dieu et moi la cannette sauvage. (*Arrive Bouya le cireur*)

Bouya - Bonjour Nènè ! Peux-tu me donner un sachet d'eau à crédit avant demain. Je meurs de soif.

Nènè - Crédit ? Veux-tu que ma patronne m'égorge vive ? Regarde les traces de fouets sur mon dos ! (*Elle lui montre son dos*)

Bouya - Quel horreur ? Quel acte inhumain ? Tout ça pourquoi ?

Nènè - Parce qu'il manquait dix francs à la recette. John Faragnimijon m'avait menacé de mort si je ne lui donnais pas un sachet d'eau.

Bouya - Tu as raison de céder devant John Faragnimi Dion. Il incarne Satan en personne. Et moi, j'ai très soif. Je viens de traverser toute la ville à pied à la recherche de clients. Je n'ai eu que cent francs.

Nène - Au moins toi, tu as cent francs. Tu te moques de nous autres.

Bouya - Me moquer de vous ? Si tu savais ce que ces cent francs représentent pour moi. Chaque jour, il me faut contribuer en famille pour le prix de condiment. C'est la règle de notre ethnie.

(*Arrive Saran, habillée très sexy*)

Saran - Bonjour tout le monde !

Tous - Bonjour !

Saran - Vous n'avez pas vu par hasard une Mercédès blanche 300 série C ?

Bouya - Quelle question ? Il y'a des milliers de Mercédès blanches qui passent ici dans la rue Tagnini.

Saran - Sa plaque d'immatriculation est AA 5678 D.

Bouya - Peine perdue ! Aucun de nous n'est allé à l'école.

Saran - Elle est conduite par un type aux cheveux blancs.

Bouya - Nous ne l'avons pas remarqué. Grande sœur, peux-tu m'acheter à boire ? Je meurs de soif !

Saran - Tiens ! (*Elle lui donne de l'argent*)

Bouya - Merci ! (*Il court acheter de l'eau. Puis il revient sur Saran*) Grande sœur, comme tu es gentille, je le serais avec toi. Et ton type de la Mercédès ?

Saran - J'ai rendez-vous avec lui ici. Il paraît que c'est un boss.

Bouya - Donc tu ne le connais pas en personne ?

Saran - Non, c'est ma tante qui le connait. Je l'identifierai à partir de la description qu'elle m'a faite. (*Elle commence à se maquiller. Entre Garib le mendiant)*

Garib - Qui va donner à Dieu ? (Il demande l'aumône un à un à tout le monde. Personne ne lui donne quelque chose). Walaï, si vous ne me donnez pas quelque chose, je vais crever de faim. *(Débarque John Faragnimi Dion)*

John - Qui veut crever de faim ici ? (*L'air menaçant, il dévisage tout un chacun tremblant de peur jusqu'à Garib*).

Garib - C'est moi qui crève de faim !

John - Sois un dur, mon type. Surtout ne bêle pas comme une chèvre parmi les hyènes. Sinon tu en feras les frais. *(Il remarque Zanga entrain de ronfler. Il le réveille d'un coup de pied*). Toi, qui es-tu ?

Zanga - (*bégaie*) Moi ?

John - (*Avec fermeté*) Oui, toi !

Zanga - (*Tremblant*) Ze vins de Kampiasso. Z'ai quitté Kampiasso sous la conseil d'un comèrèçant. Il m'a dit qu'en grand ville, qu'il y'a beaucoup beaucoup de l'arzent. Que ze va travailler se lui. Djaga diaga se menti. Zai compris qu'il a voulu me vend. Quand il est parti serser un clent zai fui venir ici zusqua dromi. Ze ne connais plus aller. Ze suis mort.

John - Encore un fretin dans les mailles des trafiquants d'enfants. Ici en grande ville, c'est chacun pour soi et Dieu pour tous. Ici dans la rue Tagnini, c'est moi John Faragnimi Dion, l'homme à la figure gigantesque qui commande. C'est moi l'enfant perdu dans la poussière et retrouvé dans la rivière. Un coup à l'hôpital et deux coups au cimetière. Je suis un ancien small soldier.

Tous - Quoi ?

John - Enfant soldat ! Dans la rébellion, j'ai exécuté des tâches aussi dures que de mettre l'abeille dans les yeux d'un patient. Tuer quelqu'un c'est de l'amusement pour moi. (*S'adressant à Saran*) Toi, qui es-tu ? Et que fais-tu là? Surtout je n'aime pas les mensonges.

Saran - (*Tremblante*) Je m'appelle Saran. J'ai perdu mon père et ma mère. C'est une de mes tantes qui m'a recueillie. Elle m'a enlevée de l'école. Maintenant elle me traite comme une marchandise en me vendant aux hommes. L'exercice du plus vieux métier du monde est ma profession.

John - Donc toi, tu es une victime de la pédophilie surtout de SIDA. (*Il se tourne vers le mendiant*) A toi le mendiant, raconte-moi ton histoire.

Garib - Je suis un chien des gargotes. Je vis du reste des plats des autres. Sous un soleil de plomb, pieds nus, je mendie de porte en porte. Souvent harangué comme un chien enragé, je subis toutes sortes d'humiliation pour pouvoir apporter un plat délicieux à mon maître coranique en échange de nos études. Quelles études de surcroît ? L'assimilation bête des versets coraniques. (Il pleure). L'autre jour, mon ami et frère

Madou a été fauché par une voiture à cause de dix francs qu'un conducteur de véhicule lui avait jeté en pleine circulation. Il a succombé par suite de ses blessures. Oh quelle vie, cette vie de mendiant ? A longueur de journées, tenaillé par la faim, mal protégé contre le soleil, la pluie et la poussière. Misère est notre vie. (*Il pleure*)

John - (*S'adresse à Bouya*) Quant à toi, le cireur. Raconte-nous un peu de ta vie.

Bouya - Au village, c'est la disette. Il n'ya plus d'eau potable. Mon père m'a envoyé ici en grande ville pour pouvoir envoyer de quoi de survivre. Ici dans mon logement, tout le monde contribue avant de manger. La vie c'est un combat de tous les jours.

John - Quant à vous les filles, je connais votre histoire. Nène, tu es venue ici à la recherche de tes trousseaux de mariage. Quant à Naka et Farima, vous souffrez comme Garib chez Karamoko. Ecoutez mon histoire. Je vivais avec ma famille dans un pays voisin. Très tôt, mon père m'a appris à m'accommoder de tout. On le considérait comme un fou dans son entourage. Un jour, lorsque je jouais au ballon avec mes camarades. Ils sont arrivés, les rebelles. Ils nous ont capturé et nous ont enrôlés de force dans leur rang. Sous l'effet des drogues dures, nous fûmes transformés en de véritables machines de guerre. Par chance, j'ai eu la chance d'être sauvé par des humanitaires. Malheureusement ici l'accueil n'a pas été favorable. Je me suis retrouvé dans la rue, volant, violant, brutalisant. (*Il pleure)***.** Maintenant que vous me connaissez. Pardonnez-moi de mon comportement violent envers vous. Ce sont les adultes qui m'ont transformé en faucon.

Tous - Nous te pardonnons, John.

Tous en chœur : (*La main dans la main*) Dieu, fais de nous des instruments de bonheur. Là où il y'a la haine qu'on y mette de l'amour.

Scène II : (Dans la cour de Karamoko le marabout, Garib tout en sueur s'évertue à couper un tronc d'arbre mort. De l'autre côté, deux Naka et Farima pilent dans un mortier. . Tout à coup un cri strident est poussé par l'une des filles qui pilait).

Karamoko - Qu'y a –t-il ?

Garib - Farima vient de se faire écraser la main.

Karamoko - Comment ?

Garib - En pilant !

Karamoko - Fais –moi voir ! (Il contemple la blessure). ça a l'air grave. Garib, prends la bicyclette et amène la chez Madoussou, la guérisseuse

Garib - Mais Karamoko, la blessure est grave. Il faut que nous l'évacuions au Centre de santé. (Koman rentre et prend place auprès de Karamoko)

Koman - Je m'appelle Koman. Je suis planteur.

Karamoko - Soyez le bienvenu. Quel bon vent vous amène chez moi ?

Koman- Rien de grave ! Seulement que ma plantation a prospéré.

Karamoko - Alhamoudoulaye !

Koman - Maintenant, j'ai besoin de bras valide pour labourer mon champ et surtout pas très coûteux

Karamoko - Je ne comprends pas…

Koman - Vous avez des enfants ici chez vous non?

Karamoko - Bien sûr ! Mais moi aussi, j'ai des champs. En plus, ces enfants m'ont été confiés par leurs parents pour leur apprendre le coran

Koman - Mes champs seront pour eux un havre de bonheur. D'ailleurs, vous pouvez m'appeler Ladji car je suis allé à la Mecque

Karamoko - Qu'est ce qui me prouve tout ce que vous racontez.

Koman - Vous doutez de moi ? Moi en tant que Ladji, je n'oserai vous mentir ni faire mal à une mouche. Je suis croyant et fervent pratiquant.

(Koman fait sortir une liasse de billets de banque)

Koman - Pour chaque enfant, je vous donnerai cent mille francs. Ensuite chaque enfant aura un salaire mensuel de 35 000 FCFA que vous pourrez gérer comme vous voulez.

Karamoko - Si c'est comme ça, j'accepte votre offre ! (Koman lui remet l'argent). Naka, Farima et Garib, venez ici ! (Les enfants accourent et se prosternent devant Karamoko). Vous allez partir avec Ladji à Worodougou dans sa plantation.

Koman - (s'adressant aux enfants) Mes chers enfants, vous aurez tout dans ma plantation. Vous serez bien logés et bien nourris. Je vous payerai à 35.000 FCFA par mois.

(Les enfants sautent de joie et rentrent prendre leur baluchon. Ils sortent)

Scène III :

(Dans la plantation de Koman, les enfants habillés en haillons cultivent).

Naka - Depuis le lever du soleil, nous sommes Chargés de lourds outils comme des ânes.

Farima - Nous marchons pieds nus dans la boue ou sur les cailloux de longues distances.

Garib - Nous arrivons aux champs trempés et épuisés.

Naka - Nous passons la journée étant courbés en avant.

Farima - Nous souffrons des douleurs de dos.

Garib - Nous sommes torturés en cas de tentative de fuite.

Farima - Nous endurons des horreurs dans cette plantation.

Bouya - Nous sommes affamés tout le temps.

Farima - De retour des champs, chargés de fagots, nous précipitons sous les coups de fouet.

Garib - Nous dormons dans une pièce minuscule à même le sol sans lumière et l'eau de pluie suinte.

Bouya - Nous nous rasons avec la même vieille lame.

Nènè - Nous avons la démangeaison ! Nous avons des poux et des puces (Elle pleure)

Farima, Nènè et Naka : Dieu, sauve nous de cet enfer ! Nous sommes dans un pays en guerre.

Koman - (Surgit et furieux) Ah bon ? Donc au lieu de travailler, vous causez. (Il se met à les frapper comme des animaux. Des crépitements de mitraillettes et des bruits assourdissant des obus se font entendre. Les enfants se jettent à terre et poussent des cris de détresse. Entrent trois hommes armés)

John - Levez-vous ! Les mains en l'air ! Pas un geste ou vous êtes morts !

Garib - John Faragnimi Dion ?

John- Garib ici ? Ce n'est pas vrai ! Naka et Farima ? Non, je rêve ou pas ?

Garib - C'est bien la réalité, John. Nous avons été vendus par notre maître coranique à ce Monsieur.

Farima - Il nous fait subir toutes sortes de maltraitances.

Naka - châtiments corporels, viols (Elle pleure)

John - Mais comment Bouya et Nènè se sont retrouvés ici ?

Bouya - Ce type a la langue mielleuse. Il nous a convaincu dans la rue Tagnini.

Nènè - Il nous a promis bonheur, richesse…

John - Il va payer de tout ça ! Je me suis fait enrôler chez les FRW c'est-à-dire les Forces Républicaines de Worodougou. Après les élections, l'ancien Président a refusé de quitter le pouvoir. Nous somme là pour libérer le pays. Nous sommes dans une mission de ratissage à la traque des mercenaires de l'Ouest. Dès demain, je vous enverrai au pays. Quant à lui, il sera mis à la disposition des nouvelles autorités de Worodougou. (*Il passe les menottes aux mains de Koman)*. Connaissez-vous celui là pardon celle là ? (*Tous les enfants se tournent vers l'enfant soldat)*

Bouya - C'est une fille ? Moi qui croyais que c'était un garçon !

John - Vous ne la connaissez pas ?

Tous - Non !

John - (Rires) C'est Saran !

Tous - Saran ?

Saran - En chair et en os !

Bouya - Saran enfant soldat, je ne crois pas à mes yeux.

Saran - C'est John qui m'a sauvée d'un lynchage. J'étais serveuse dans un bar. Lorsque la guerre a éclaté, ils ont voulu tuer tous les étrangers (*Elle commence à pleurer*) John, ma mission s'arrête là aujourd'hui. Je retourne avec les amis au pays.

John - Moi aussi !

(*Ils sortent tous*.)

Fin

Nous sommes tous coupables

<u>Personnages</u>

Bouba.. Orphelin

Kadi... Sœur de Bouba

Niélé...Enfant

Doussou...Enfant

Mamou.. Enfant

Ousmane..Oncle de Kadi et Bouba

Dougoutigui................................ Chef de village

Djéliba...Griot du village

Almamy ....Imam du village

Mady .... Conseiller du chef de village

Scène I :

(*Les filles s'amusent au clair de lune sur la place publique du village. Elles chantent et dansent. Lorsque Kadi entre apparaît*)

Niélé - Au secours ! Au secours ! La sorcière !

Doussou - Sauvons-nous ! Elle va nous porter malheur !

Mamou - Vite ! Fuyons ! Elle va nous manger !

(Elles sortent et Kadi reste seule sur scène)

Kadi - Oh Dieu ! Mon Dieu !

Et pourtant je suis un enfant

Le fruit de cet amour franc

Un enfant, c'est le bonheur

Car son corps est d'or

Et sa tête d'argile

Ne dit-on pas que si l'on accouche d'un serpent, qu'il faut l'enrouler le long de sa ceinture. Et pourtant tous ces mots ne sont que des souvenirs pour moi. Aujourd'hui, je suis abandonnée à mon sort. (*Elle pleure et entre Bouba)*

Bouba - Kadi, qu'est ce qui ne va pas ? Qui t'a frappée? Pourquoi pleures-tu ?

Kadi - Les filles me fuient et me traitent de sorcière.

Bouba - Calme-toi ! Tout va finir un jour. Mais, nous dont le désir infini ne se satisfait de rien. Nous ne serons pas consolés ni satisfaits. Nos corps cherchant l'issue confondront à nouveau haut et bas et tomberont dans l'abîme encore une fois.

Kadi - Et ce sera la nuit de nouveau. Le jour luttant contre les ténèbres et la stupidité. L 'adulte jeté contre l'enfant. Les vivants contre les vivants.

Bouba - Oh Sida, tu es la source de notre malheur.

Kadi - Nous ne pouvons plus partir à l'école

Bouba - Nous sommes reniés partout.

Kadi - Trouver à manger, relève du parcours du combattant. Je n'ai plus envie de vivre encore. Je veux mourir comme nos parents

Bouba - Le suicide est le fort des faibles. Tiens bon ! Nous allons nous en sortir grâce au bon Dieu. On dit le plus souvent que l'espoir réside dans le désespoir (*Entre Ousmane*) Bonjour Tonton Ousmane !

Ousmane - Bonjour ! (*Il continue son chemin*)

Bouba - Tonton Ousmane, toi aussi ?

Ousmane - Moi aussi ? Qu'est ce que cela veut dire ?

Bouba - Tu ne me connais pas ?

Ousmane - Non !

Bouba - Je suis Bouba de ton frère Mamourou.

Ousmane - (*Ebahi*) Bouba ? Ce n'est pas vrai ! Ce n'est pas possible ! Bouba ? Je rêve ou quoi ?

Bouba - (*Montrant Kadi*) C'est ma sœur Kadi

Ousmane - (*S'approche de Kadi*) Kadi, quel malheur vous est tombé sur la tête ?

Kadi - Depuis la mort de nos parents. Personne ne s'occupe de nous. On nous fuit. On nous traite de porte-malheur.

Ousmane - Lève-toi, ma fille ! Ensemble la main dans la main, nous allons transformer les douleurs en plaisir et le malheur en bonheur. Nous combattrons l'injustice avec les mots qui convainquent. Nous culbuterons la haine et mettrons le oui à la place du non. Ne nous laissons pas abattre. Rentrons à la maison. Puis après nous allons voir le chef de village et ses conseillers. (*Ils sortent*)

<u>Scène II</u>

(Sur la place publique du village, le chef et les autres notables sont assis sur des peaux de bœufs. Arrivent Ousmane et les deux enfants)

Ousmane - Bonjour tout le monde !

Djéliba - Cissé ! Digne descendant de la branche cadette des Wagué ! Cissé, tes ancêtres avaient la réputation d'être généreux. Ils donnaient sans attendre quelque chose en retour. Cissé, l'arbre qui a été planté et celui qui a été bouturé ne sont pas les mêmes. Cissé, que nous vaut l'honneur de cette visite.

Dougoutigui - Bonjour Ousmane ! Quel bon vent t'amène ?

Ousmane - Biens de choses ! Mais la situation de ces deux enfants me préoccupe. Leur souffrance a atteint le paroxysme.

Dougoutigui - comment ?

Ousmane - Dougoutigui, vous savez que ces deux enfants ont assisté impuissants aux décès de leurs parents. Vous savez aussi que leurs parents ont été isolés et exclus sous prétexte qu'ils souffraient de la maladie d'adultère.

Dougoutigui - Je sais bien !

Ousmane - Pourquoi tout ça ?

Dougoutigui - Parce Qu'ils souffraient du Sida et par crainte d'être contaminée la population se méfiait.

Ousmane - Eux aussi, vont continuer à subir les mêmes comportements. Ils sont rejetés partout au village. Leurs camarades se moquent d'eux et les traitent d'enfants de chiens. Dougoutigui, vous n'allez pas laisser mourir à petit feu ces pauvres enfants.

Dougoutigui - Désolé, je ne peux rien pour ses enfants.

Mady - Ousmane, toi qui connais beaucoup de choses, comment on attrape leur sida là ?

Ousmane - Par les rapports sexuels, par le sang lors des transfusions sanguines ou en utilisant des outils souillés par du sang infecté. Enfin, un bébé peut-être infecté par sa maman pendant la grossesse, au moment de la naissance ou après, quand il tête le sein.

Mady - Pour se protéger du Sida, qu'est ce qu'on doit faire ?

Ousmane - Si possible, s'abstenir de tout rapport sexuel ou utiliser le préservatif si vous faites des rapports sexuels. Ensuite ne jamais partager les rasoirs, les seringues, les aiguilles, les instruments pointus pour percer les oreilles ou les couteaux à cérémonies. Rester fidèle à votre partenaire.

Almamy - Est-il vrai que le Sida existe au Mali qui est un pays musulman ?

Ousmane - Le Sida ne connaît ni religion, ni race, ni groupe d'âge, ni sexe, ni frontière (*Les enfant du village entrent et rejoignent Kadi et Bouba en retrait de l'assemblée*)

Ousmane - Dougoutigui, qui perpétue la race humaine ?

Dougutigui - C'est l'enfant !

Ousmane - Qui pérennise nos acquits ?

Dougoutigui - Encore les enfants !

Ousmane - Qui guérit l'amertume de la vie ?

Dougoutigui - C'est l'enfant !

Ousmane - Je suis déçu de votre comportement. Nous ne devons condamner aucun enfant parce qu'il souffre ou parce qu'il est orphelin du Sida. Le Sida est une maladie comme les autres. D'ailleurs c'est vous qui êtes condamnables parce que vous avez marginalisé Mamourou et ses femmes pendant leur maladie. Mamourou était généreux envers nous tous quand il était en bonne santé. C'est encore vous qui l'avez contraint à rentrer au village pour prendre la femme de notre regretté frère Zié, en héritage. Et pourtant à l'époque, j'avais attiré l'attention de tout un chacun sur les conséquences fâcheuses du lévirat. Nous sommes tous coupables de ce scandale. Nous devrons reconnaître nos tords sans fausse honte et assumer nos responsabilités. Et je sais aussi que vous n'avez jamais pardonné Mamourou de s'être marié avec une femme d'une autre nationalité.

Djéliba - Regardez ! Les enfants du village s'amusent avec Kadi et Bouba. Les enfants nous donnent une belle leçon de pardon.

Dougoutigui - Nous reconnaissons nos tords. Dorénavant tout le village s'occupera de prise en charge de l'éducation et de la santé de ces deux orphelins

Djéliba - Enfants, pardonnez-nous pour notre conduite qui ne nous fait pas honneur. A partir de cet instant aucun enfant ne sera marginalisé dans ce village Mes chers enfants, pardonnez-nous, l'ignorance est la pire des maladies. Nous remercions Ousmane pour sa clairvoyance et son esprit de solidarité

Mady -Unissons-nous pour les enfants contre le Sida qui a augmenté le nombre d'orphelins et qui a détruis des foyers entiers.

FIN

Mahamadou TRAORE

Mars 2006

Intronisation de Mamary Coulibaly dit Biton

<u>Personnages</u>

Sanghoï Koïta………………………………Griot du roi

Mamary dit Biton………………………...Roi de Ségou

Le patriarche …………………………….. Sage de Ségou

Une femme enceinte

Un garçonnet

Une vieille femme

Cinq chasseurs

Un chœur

(*Un chœur entre sur la scène en chantant « Ségou ». Ils forment un demi-cercle. Se tient au milieu Djéliba*).

Sanghoï Koïta - Oui Ségou ! Ségoudougou nani ani Marakadougou konodon ! Oui Ségou avec ses quatre portes d'entrée et ses quatre portes de sortie! Ségou, la cité des 4444 balanzans et un balanzan ou acacia-albida que tous les autochtones ne connaissent pas l'emplacement à forte raison un étranger. A Ségou, le monde passe pour trois temps et ne vit que six jours. Les trois temps sont « Yeko » ou le voir, fôko ou le dire et le « Kèko » ou le faire. A Ségou les 6 jours sont la naissance, le baptême, la circoncision, l'initiation, le mariage et la mort.

Le chœur - (*Chante Ségou*)

Sanghoï Koïta - Pour les Bambara de Ségou, la vie est traversée par trois rivières : l'éducation reçue des parents, l'effort personnel pour être meilleur et le sens vécu de la solidarité permettant l'insertion sociale.

(*Le chœur chante et entrent les chasseurs précédés par un patriarche portant des fétiches. Le patriarche dépose les fétiches à l'avant-scène et les invoque*)

Sanghoï Koïta - Pour nous Bambara, la durée de l'existence se fractionne en trois temps : Hier, aujourd'hui et demain. (*Montrant les chasseurs*) Voici nos braves chasseurs, les plus braves des braves, les plus adroits des adroits, les plus vaillants des vaillants. Ils sont passés par la case des hommes où ils ont été soumis à de dures épreuves telles que l'éducation du corps et l'assouplissement de l'esprit par le jeu des phrases énigmatiques qui renferment la sagesse. Ils sont aussi thaumaturges, détenteur des pouvoirs magiques. Ils sont réfractaires aux potions magiques et invulnérables aux fers L'un d'entre eux sera choisi pour diriger notre destinée. Pour prétendre à la peau royale, il faut remplir certaines valeurs qui sont l'honnêteté, la droiture, la loyauté, la générosité et avoir le sens de l'écoute et du pardon. Le Roi est l'incarnation de la sagesse.

Le patriarche - Hommes et femmes, pour pouvoir choisir notre roi, nous, au conseil des sages, avons décidé de procéder au « Kala-Fili ». C'est-à-dire chacun des candidats va déposer son bâton qui sera tiré par un enfant qui est censé être innocent. L'enfant est la pureté et la sainteté Qu'on fasse entrer l'enfant qui tirera le bâton du futur roi ! (L'enfant entre et choisit un bâton)

Le patriarche - (*Prend le bâton et l'observe*) C'est le « Kala » de Mamari Coulibaly!

Un chasseur - Non ! Je ne suis pas d'accord ! Cet enfant est un étranger.

Le patriarche - C'est insensé de ta part. Il n'y a pas d'étranger sur cette terre. Tu es disqualifié à cause de ta xénophobie. Si ce choix est contesté, nous allons faire recours à une femme enceinte. Pour les sages, la femme enceinte est considérée comme juste à cause de l'enfant qu'elle porte. Que la femme enceinte entre ! (*Une femme enceinte entre et choisit un bâton.)*

Le patriarche - (*Prend le bâton et l'observe*) C'est encore le « Kala » de Mamari Coulibaly.

Un chasseur- Je ne suis pas d'accord !

Le patriarche - Si vous protestez nous allons faire recours à la dernière option prévue par les sages qui n'est autre que la plus vieille des femmes. Celle-ci est censée être l'incarnation de la sagesse et un grand observateur averti. (*La vieille entre et choisit un bâton*)

Le patriarche - C'est encore le « Kala » de Mamari Coulibaly. Comme tout le monde le sait que trois est le chiffre arcane de la cosmogonie bambara ! Nous proclamons Mamary Coulibaly, roi de Ségou !

Sanghoï Koïta - Coulibaly ! Maa fa donso ! Coulou bina mogo kan coulou tè dimina, mogo bina coulou kan coulou tè dimina ! Sounou Mamary, fils de Bassounou ! Sounou Mamary fils de Daliba djè ! Sounou Mamary, fils de Kabadjè ! Le destin est irréversible !

Le patriarche – (S'adressant à Mamary) Fama, les hommes ne se nourrissent pas de belles paroles, même s'ils plaisent au cœur du Fama. Par-delà les fibres de l'être, se trouve la réalité quotidienne. Un peuple ne se vêt pas de belles paroles. Fama, il faut prêter serment sur les quatre fétiches Kontonron, Makoungoba, Biendjougou, Nagologo que vous serez juste à l'endroit du peuple et que vous n'allez jamais prendre une décision sans l'accord du conseil des sages.

Biton - (*Se prosterne devant les fétiches*) Patriarche, je sais aussi que l'homme vient au monde dans la main des personnes et il retourne à l'au de là dans la main de ces mêmes personnes. C'est pour vous dire qu'un seul doigt ne peut prendre un caillou. Je promets de régner sur le peuple sans aucune distinction. Je jure au nom de Kontonron, de Biendjougou, de Makoungoba et de Nagologo que l'homme serait au centre de mon pouvoir. Qu'un Tonjon ne soit plus appelé esclave publiquement. Celui qui le fera, sera puni avec la dernière rigueur. Un ton sera mis en place et nous obéirons tous aux règles de cette tontine sans exception. Si jamais, je désobéis que les fétiches ne me pardonnent pas. Je déclare que l'accès du fleuve sera interdit à la population de Ségou les Vendredi. Celui qui ne respectera pas cette décision me trouvera sur son chemin. (*Le patriarche procède aux rituels des cérémonies d'intronisation. Il fait assoir Biton sur une peau de bœuf rouge à l'avant scène.*)

Le patriarche – Fama, voici votre spectre comme bâton de commandement ! Votre coiffure symbole de la royauté. Enfin une machette pour décapiter tous ceux qui n'obéiront pas aux règles du ton. Si jamais vous entreprenez quelque chose sans l'accord des sages, nous vous enlèverons du trône. (Sept coups de fusils retentirent et le chœur chante les louanges de Mamary)

Sanghoï Koïta- Coulibaly ! Le bambara qui ne ravale jamais son crachat ! Oui le bambara qui n'a jamais mangé le « tô » d'autrui ! Fama, commande et tu seras obéi.

Mamary- Koïta, je sais que le pouvoir rend aveugle et sourd. Mais je tenterai de mériter du ton. Koïta, tu seras mon griot et conseiller.

Sanghoï Koïta- Merci Fama (Il entonne un chant en hommage de Mamary)

FIN

Mahamadou TRAORE

- ATTENTION, IL EST INCURABLE

Personnages

Le malade

Le Sida

(La scène se déroule dans une chambre d'hôpital avec un malade à l'agonie.)

Le malade - *(Parle avec peine)* où suis-je ?...C'est la nuit on dirait ? Personne…J'ai soif !...Oh ! Que j'ai froid… Couvrez-moi…Encore personne (*il tente de se lever).* Que je suis faible…Que je suis très mal…Personne…Mon Dieu. Tout monde m'a abandonné. Et pourtant moi qui étais l'enfant chéri du quartier…Moi qui étais si côtoyé…Non…Non ce n'est pas vrai. Quelle calme ? *(entre un personnage étrange).*

Sida - Le jour s'éteint et voici la nuit qui arrive. Tout le monde dort sauf moi. Je suis pourtant si épuisé. Je ne sais pas combien de vies se trouvent dans ma gibecière ?

Le malade - Drôle de personne ! Qui êtes-vous ?

Sida - *(rires)* Les humains sont étranges. Quant j'arrive à l'heure fatale, on me pose toujours la même question : « Qui êtes-vous ? » Comme si l'on n'avait jamais entendu parler de moi. Et toi, l'ami aurais-tu déjà oublié que nous, nous sommes frôlés plus d'une foi. Ma faucille s'est souvent abattue tout près de toi chez tes copines, dans les bars, dans les dancings et autres lieux de débauche. Et pourtant on te conseillait du danger que je porte à l'être humain.

Le malade - Qui êtes-vous assassin ?

Sida - Je suis le benjamin des maladies.

Le malade - Quoi ?

Sida - Car je suis venu au monde il n'ya pas longtemps.

Le malade - Quoi ?

Sida - Je suis le colonel des maladies.

Le malade - Quoi ?

Sida - Car je colonise le monde entier.

Le malade - Mais qui êtes vous?

Sida - Je suis le Général des maladies car je me suis généralisé à travers le monde.

Le malade - Quoi ?

Sida - J'ai semé la terreur dans les familles, les quartiers, les villages, les villes, les pays, les continents. C'est moi qui sépare les amoureux à jamais. Je fais augmenter le nombre d'orphelins à longueur de journée. Je fais couler les larmes partout où je passe.

Le malade - Maintenant je sais où vous voulez m'amener…C'est la mort …Je veux connaître votre identité avant de mourir s'il vous plaît.

Sida - Je suis incurable *(rires sarcastiques)* Oui je suis incurable. Trop tard pour toi car ma faucille va couper le fil de ta vie. Tu allongeras la longue liste de mes victimes.

Je faucherais tous sans distinction, brave et scelleras, pauvres ou riches, vieux ou jeunes, hommes ou femmes.

Le malade - Voudriez-vous me décliner votre identité une foi de plus ?

Sida - Je suis le Sida qui ravage et qui tue.

Le malade - Mais le Sida n'est-il pas une maladie imaginaire pour faire peur aux enfants ? Ou un prétexte pour freiner l'accroissement démographique en Afrique ?

Sida - Je suis le « Syndrome d'Immuno Déficience Acquise ». Je suis une maladie très grave et incurable. A savoir qu'à l'heur actuelle, il n'existe aucun traitement ni un vaccin pour lutter contre moi.

Le malade - Qui est ce qui cause le Sida ?

Sida - Je suis causé par le plus petit des microbes c'est-à-dire un virus.

Le malade - Comment s'appelle ton virus.

Sida - Mon virus s'appelle V.I.H (virus d'immuno défiance humaine). Il détruit petit à petit le système défensif du corps humain, l'exposant à toutes sortes de maladies. Lorsqu'une personne est contaminée par mon virus, elle l'est pour la vie. On dit que cette dernière est séropositive.

Le malade - Séropositive ? Qu'est ce que cela veut dire ?

Sida - Lorsqu'une personne est contaminée est dite séropositive. Cette personne peut se sentir bien et ne manifeste aucun signe de maladie. C'est la forme la plus dangereuse de la maladie.

Le malade - Comment se transmet le V.I.H ?

Sida - Mon virus se transmet par :

Les rapports sexuels avec une personne contaminée.

A travers le sang souillé et les instruments contaminés tels les ciseaux, les aiguilles, les lames, les seringues etc...Attention ! Il y a certaines choses qui ne transmettent pas mon virus.

Le malade - Lesquelles ?

Sida - Ce sont les contacts sociaux par exemple à l'école, en famille lors de cérémonie de mariage ou de baptême ou sur les lieux de travail.

Manger ensemble, poignée de main
entretenir un séropositif, lui donner à manger, laver ou changer ses vêtements
les animaux domestiques tels que les chiens, les chats, les moutons et les insectes tels que les mouches etc.

Le malade - Comment peut-on se protéger contre le Sida ?

Sida - On peut se protéger contre moi en

sensibilisant et informant les autres
Evitant d'utiliser les objets tranchants pouvant être souillés tels que les ciseaux, les aiguilles, les lames, les seringues etc…

Alors mon ami on a assez bavardé. Il est temps de partir au pays des ombres *(il fait des gestes mystérieux)* Meurt ! Meurt pauvre garçon *(le malade meurt).* Vous qui avez été témoins de cette scène, sachez que j'exécute des milliers de personnes de la même manière par jour. En bon entendeur, salut. Un homme avertit en vaut deux. *(Il sort).*

Mahamadou TRAORE

Guide du maître

Guide du maître

Etude psychologique des personnages : La description du personnage est nécessaire avant même de commencer à écrire les dialogues, les synopsis. Il constitue le plan même de la pièce, son architecture. Décrire des personnages, c'est définir leur trait de caractère (gentil sanguinaire…) et leur relation avec les autres personnages (relation de pouvoir, d'amour…)

Etude technique de la pièce ; La dramaturgie est la base, le fondement d'un espace dramatique d'une pièce de théâtre. Pour donner une valeur certaine à un spectacle, il faudrait au préalable que l'œuvre dramatique à partir de la quelle, il est tiré, comporte trois parties dont l'exposition ou le nœud, l'intrigue et le dénouement.

Un simple énoncé du thème peut nous convaincre sur nos propres critères et positions idéologiques devant ses aspects de la vie de tous les jours. Nous devons comparer ses critères avec l'opinion que l'auteur exprime dans son œuvre. Le thème principal doit refléter des épisodes, des faits et de situations déterminées. Il faut savoir différencier le thème central des thèmes secondaires puisque ces derniers servent au développement du premier.

Le message : C'est l'idée fondamentale de l'auteur qui exprime son attitude vers la réalité objectif. C'est une véritable idée esthétique qui joue sur l'intelligence et les sentiments du spectateur. Toujours le message s'exprime organiquement à travers des personnages.

Le conflit : C'est le choc des divergences. C'est une forme particulière d'exprimer dans l'œuvre les contradictions dans la vie des personnes. Il se base sur le choc des idées, des sentiments, des inclinaisons.

L'argument :C'est la squelette d'une œuvre. Nous y trouvons également la vie, le destin, les contradictions et l'évolution des personnages. C'est l'histoire qu'on raconte dans une œuvre de théâtre.

Le fable : Elle nous donne l'ordre logique des faits. C'est une narration pure et exacte des faits fondamentaux, un ordre chronologique dans la pièce.

Choix des acteurs : On dit que la réussite d'un spectacle dépend à 50% du choix des comédiens. Il fallait tout d'abord se pencher sur les traits physiques des uns et des autres et surtout de leur disponibilité.

La direction des acteurs : Le talent est un tout car un bon auteur est celui qui est capable d'une bonne interprétation. Il est capable de démonter et de démasquer son personnage. Il doit combattre la maladresse qui ne va pas avec son métier.

Etape de la mise en scène :

Constitution de l'équipe technique

Etude du décor, des costumes et des accessoires

Prise de contact avec les comédiens et distribution des rôles

La mise en texte : diminution du texte pour avoir la dimension souhaitée

Explication du texte

Distribution

Assimilation du texte

Répétition à l'italienne

La mise en voix : Travail de diction (prononciation et d'intonation)

Mise en espace ou la lecture intelligente avec occupation de scène

La mise en mouvement ou la composition

La composition du personnage dramatique :

La mise en scène est un espace transitionnel entre le texte écrit et le texte scénique. Elle relève de la scénologie qui l'art de la mise en scène. L'œuvre dramatique tient de deux modes d'existence : Il n'y a pas homologie entre le texte littéraire et le texte scénique étant donné que la mise en scène est l'ensemble des mouvements et des attitudes, l'accord de la voix, le silence des physionomies. C'est la totalité du spectacle scénique émanent d'une pensée unique qui la conçoit et l'harmonise.

Vous ne trouverez jamais en théâtre deux personnages semblables. Pour l'acteur qui aborde pour la première foi son personnage, que de jouer avant toute la question suivante : « quelle différence y a-t-il subtile ou si légère soit elle entre le personnage et moi tel qu'il est décrit par l'auteur ».

On sent que le corps se glisse en quelque sorte entre son corps véritable et sa psychologie, les influençant également l'un et l'autre. Ainsi le centre imaginaire lui servira à composer les traits dominants du personnage, qui donne la silhouette exacte de Samory et les traits particuliers de ce personnage donneront vie à cette silhouette. C'est traits particuliers seront constitués partout un ensemble d'attitude, de geste.

Geste de maturité, d'habitudes caractéristiques d'un empereur ;
Sa démarche posée avec le sceptre ;
Son élocution ;
Son regard ;
Sa façon de s'habiller et le port d'un turban.

Ligne de conduite : L'ensemble des éléments technique qui concourent à la création est appelé ligne de conduite. Chaque discipline est dirigée par un technicien qui la conçoit et la réalise en complicité avec le metteur en scène.

Conduite éclairage : La lumière étant une langue dans une mise en scène, elle joue un rôle très important dans la réussite d'un spectacle théâtrale « *c'est l'éclairage qui a le pouvoir du temps et de l'espace. Il fait rapidement les changements de lieu. Il est aussi le pouvoir de désignation. Lorsqu'un objet a de l'importance, il peut se voir attribué une intensité plus forte sans pour autant transformer la lumière ambiante* ».

Conduite son : «*la musique de scène est une création originale s'intégrant au spectacle dans les mêmes rôles de travail collectif que pour le décor, les costumes, la dramaturgie* ».

La mise en texte : Raccourci, diminution pour donner la dimension souhaitée (diminuer les interventions). Lecture d'explication permet de mettre tout le monde au même niveau d'information.

Distribution : Partage des rôles.

La répétition de lecture : Lire plusieurs fois (minimum 5 fois) prépare déjà le comédien.

Le processus du comédien de passer le texte est l'incarnation. Le comédien oublie sa personnalité et prend la carte d'identité du personnage.

La mise en voix : Travailler la diction, la prononciation et l'intonation. La voix est fondamentale pour le travail du comédien (la voix, le corps et l'émotion sont instrument du travail du comédien).

Les traits vocaux du personnage se dégagent grâce au déclenchement des mécanismes vocaux.

Exemple : Un vieillard ne parle pas comme un enfant.

Les timbres de la voix sont importants dans la composition.

Pour que la voix porte, il faut l'emphase, la pause, l'intonation.

La mise en espace : (lecture intelligente) en occupant la scène.

La mise en mouvement : Composition dramatique, l'écriture du texte en tableaux scéniques.

Le travail sur une pièce de théâtre demande beaucoup de metteur en scène. Ce travail c'est par la répétition de composition et fixe le mouvement scénique, les actions scéniques, les tableaux scéniques, le temps. Le mouvement scénique c'est le déplacement.

Le collage des répliques : Coller les répliques c'est enchainé sans temps mort une réplique, ne pas laisser le vide entre les tirades sauf les pauses.

La répétition de composition donne à l'acteur toutes les indications (manière de se comporter, de parler, de se déplacer sur scène.

La répétition de finissage : Élabore les formes brutes de la composition.

La répartition de polissage se préoccupe des dernières corrections sur les détails dans l'ensemble du spectacle (costumes, décors, accessoires).

La répétition de fignolage : La dernière main qu'on donne au spectacle avant la répétition générale qui précède la 1ere.

Le chronométrage du spectacle se fait pendant la répétition générale qui se fait sans arrêt mais avant il y'a la répétition de montage qui est le travail séquence par séquence et qui permet de fixer la réalisation avant de continuer sur une autre séquence.

La répétition partielle : Concerne quelques comédiens dont les répliques sont à parfaire. Après le travail par séquence, après la répétition partielle arrive la répétition d'assemblage ou de montage.

(Sc. /Sc. Acte par acte). L'assemblage se fait au niveau du spectacle lui-même pendant le filage ou la pièce est jouée dans son entièreté. Les répétitions techniques ce sont des répétitions très difficile pour les comédiens parce qu'elles sont entre coupées d'arrêt, de réajustement de costumes dans synchronisation des bruitages et des retouches des lumières.

La générale : Se déroule sans interruption et est suivi de critiques pour améliorer la qualité du spectacle et de chronométrage fixe le temps définitif de la pièce. A partir de ce moment le metteur en scène en se finit son travail. Il assiste le spectacle avec le public dans la salle. Il est remplacé en coulisse par son assistant ou le régisseur.

Printed by Books on Demand GmbH, Norderstedt / Germany